昔話とアニメの中の政治学

梅川正美 著

成文堂

目　次

1 なぜ昔話とアニメを問題にするのか

現代社会は、あたかも荒れ地のようです。荒涼とした世界で、獣的なあらそいが、くりひろげられています。本書の課題は、わたしたちの昔話とアニメなどを、獣的な世界から救出し、徹底的に人間化して活躍させることです。

昔話や、現代の昔話であるアニメなどを取り上げる目的は、昔話などの中にたくわえられている、政治についての考え方を引き出すことです。

昔話やアニメなどは、わたしたちが受験勉強などで教え込まれた内容ではありません。いつの間にか、どこかで聞いたような、そんなものとしてあります。なんとなく懐かしく、なんとなく、そうだなと思えるものです。昔話やアニメなどは、わたしたちのなかのどこかにあるような、そんな気がするものです。

本当の政治理論は、わたしたち自身のなかで、自然とできてきた考え方を基礎にしなければなりません。

では、わたしたちの中の政治理論は、どうやったら発見できるか、これはむずかしいことですが、その作業にとって、昔話やアニメなどを見ることは、ある程度、有益なものになるのではないかと思われます。

この点について説明するために、政治とは何かということから、話をはじめます。

1 政治家について

政治という言葉をききますと、わたしたちは、政治家をまず思い浮かべます。政治家には首相とか大統領とか国会議員もいます。この人たちは、わたしたちが支払う莫大な税金で雇われています。お金を支払っているのはわたしたちですから、政治家は、わたしたちに雇われている、雇われ人ですね。

政治家とは、どういう人を言うのか。この点についてはいくつもの理論がありました。例えば武力を集めて持っている人（権力理論）とか、政治を任せている人（信託理論）とか、わたしたちのかわりに政治をしてくれる人（代表理論）とか、もっともらしい理論がありました。

しかし、現代社会では、どの理論も、現実を説明できなくなりました。その理由は、別の本で詳しく書くことにします。筆者の考えていることは単純です。政治家は職業のひとつにすぎません。わたしたちは、政治家という職業の人を、ちょうど大工さんを雇うように、雇っています。わたしたちは、家をたてるとき、どういう家を計画しているか、これを大工さんに教えます。大工さんは注文どおりの家をたてることができれば、お金をもらいます。政治家も同じです。

私たちが雇っている人たち、すなわち税金から賃金をもらっている人には、公務員さんもいます。中央政府の公務員さんや地方政府の公務員さんたちです。公務員さんには特殊な職種の人もいます。自衛隊員や警察官や裁判官、そのほかの職種の方たちです。

わたしたちが支払う税金で雇われている人たちの全員を含めて政治家と呼ぶこともできます。この人たちを、ひろい意味での政治家としますと、この政治家の人たちのなかには、例えば今の日本では、厳格なピラミッドのような指揮命令のしくみにおいて、頂点にいる人とそうでない人がいます。

ひろい意味での政治家のピラミッドの中で、頂点にいる人たちが、政策を決定して指揮命令をおこないます。このような政策決定権や指揮命令権をもつ人たちを、せまい意味での政治家と呼んでみます。

せまい意味での政治家は、ひろい意味での政治家に対して指揮命令をしますので、政治家について考えるときは、せまい意味での政治家のありかたを検討することが、まずは必要です。

そこで今後、本書で政治家というときは、特にことわりをしないかぎり、せまい意味での政治家を指すことにします。具体的には、首相や大統領や議会議員をはじめ省庁の頂上にいる上級公務員のみなさんたちです。裁判官や、自衛隊の幹部の人たちなどもふくみます。

わたしたちが新聞で政治の欄を見ますと、主要には、政治家の活動が書かれています。首相や国会議員や地方の首長や議員のみなさんの活動について、読むことができます。

わたしたちの考えが政治家の行動範囲をきめる

政治家の活動は、わたしたちの生活のありかたを決めます。経済のありかた、公共事業のありかた、身のまわりの安全のありかた、災害からの復興のありかたなど、政治家のみなさんの活動領域はひろくあり、重要です。

政治家は、政策などのうちで具体的なことについては、自分できめるべきことも多くあります。しかし、政治家は、わたしたちに雇われている、雇われ人ですから、政策などの大枠は、わたしたちの考えにしたがわなければなりません。

政治家のおこないの範囲は、わたしたちの考えで決められます。ですから、政治のありかたの根本については、政治家の考えは従であり、わたしたちの考えが主であることがわかります。

②政治学について

政治学は政治について研究する学問です。政治家個人を研究したり、政治家のおこなう政策を検証したりします。このような方面では、西欧のみならず、日本でも、おおくの成果がだされています。

政治家になりたい人が、わたしたちに対して、自分を雇ってくれ、雇ってくれと、お願いにくるのが選挙です。ほんとうなら、選挙では、候補者の情報が、会社の就職試験を受けるひとの情報のように、こまかく示されるほうが良いのですが、じっさいには、なかなかそうもいきません。そこで短期間で選挙をすることになります。この選挙についての、すぐれた研究も、たくさんおこなわれてきています。

わたしたちの考えを研究する政治学について

本書でおこなおうとしていることは、政治家の研究ではありません。選挙の研究でもありません。政治家を雇うわたしたち自身についての研究です。政治家は、わたしたちに雇われているわけですから、わたしたち自身がどのような考えをもっているか、この点が、政治の、いちばん大きな枠をつくります。ここに、わたしたち自身の考え方についての研究の必要性があります。

わたしたちは有名人でもありません。お金持ちでもありません。テレビや新聞で、かんたんに発言する機会をもっているわけでもありません。いくら言論の自由があるといわれても、社会に何かを言ったりすることは、なかなかできることではありません。

ごく普通のわたしたちが、何を考えているのか、その証拠は、なかなか残りません。しかし、この点の研究にもいくつかの方法はあります。例えば世論調査がそうです。調査をする人が質問をつくり、わたしたちが、その質問にこたえます。これで明らかになる面は非常におおいでしょう。

筆者は、イギリスで社会史研究所に属して研究したことがありますが、イギリスでは一九世紀から、有名ではない普通の人たちが、非常におおくの日記を残しています。各地の史料館では、この日記が保管されており、貴重な研究史料となっています。しかし、日本では、このような史料の収集も簡単ではありません。

さらにイギリスでは一九世紀から、膨大なミニコミ紙があります。今では、それらがマイクロフィルムで残っています。筆者もマイクロフィルムを収集しています。これも、一般の人びとの考え方を知るための貴重な材料です。

しかし日本では、このような史料を使うこともむずかしいのが現状です。ところが、日本でも蓄積されてきた史料があります。それが昔話です。

③昔話について

日本では、ヨーロッパ諸国とおなじように、戦前の柳田國男の研究以来、おおくの昔話の収集がおこなわれてきました。民俗学の専門家のみなさんたちの大変な努力の結果、いまでは、関敬吾の編纂による『日本昔話大成』（全一二巻、角川書店、一九七九年）が残っています。

昔話は、有名なエリート作家の作品ではありません。全国各地に、同じような話が、たくさん散在しています。だれが、いつ話しはじめたかも、あきらかではありません。どこにも、同じような話があります。このことは、わたしたちと、わたしたちの先祖たちが、その話のような気持をもっていることを示すでしょう。

そこで本書では、昔話を、まず扱うことにします。と言いましても、民俗学の研究者の視点とは違ってきます。日本の政治社会の基礎をつくっているような、わたしたちのかくされた政治意識は、どのようなものなのか、この視点から、昔話を拾いあげて読むことにします。

結果的に、本書で取り上げる昔話は、民俗学研究者のみなさんが取り上げるものとは、ちがってくるかもしれません。さらに解釈のしかたも違ってくるでしょう。

わたしたちの政治意識は、個人と社会の関係のありかたを基本とします。個人は粒だっているのかいないのか、利己主義をどの程度みとめるのか、弱い仲間を助けようとするのか、しないのか。このような、わたしたちの考えかたが、政治家のおこなうべき政治の基本ガイドラインを決めます。

政治社会は、ある程度以上の強者と、どう関係をもつべきか、エゴイズムをどうみるか、市場社会をどう扱うか、ハンディをもつ人にどう接するか、老人にはどのような態度をとるべきか、このような問題をはらんでいます。

これらの問題に関する政治は、わたしたちの考えかたに左右されます。ですから、わたしたちの考えかたを知ることが重要なのですが、そのために昔話などを見ることにします。

昔話といいましても、テレビで放映している昔話は、関敬吾を中心とするみなさんが、全国を旅して、実際に話をきいて記録したものとは、だいぶ違うものもあります。

テレビなどの昔話は、テレビ局などが、もともとの昔話を作り変えたものです。これを再話といいますが、本書では、木下順二の『夕鶴』のような重要な再話をのぞいて、おもには、『日本昔話大成』の史料を使います。

④アニメなどについて

今の若いみなさんは、昔話に接することは、あまりありません。そのかわり、マンガや、マンガを基礎としたアニメ映画、さらにゲームなどを楽しんでいます。そこで、筆者も、マンガやアニメ映画などを、若い人といっしょに何年もかけて見てきました。

その結果わかったことは、おおくのマンガやアニメなどは、作家が意識しているかいないかにかかわらず、昔話を現代的につくりかえたものが多いということです。

日本の中で、先祖から祖父・祖母などの昔話を源流として、現代のアニメ映画に、流れてくる地下水があると言うことができるようです。本書の課題は、その地下水をさぐりあてて、わたしたち自身が、何を、どう考えているのかを、検討することにあります。

アニメという言葉をつかいました。これは厳密には、ジブリの映画会社が作ったような、アニメーションの映画やテレビ・マンガを指すでしょう。

しかし、これに限定しますと、若い皆さん方が楽しんでいるマンガやゲーム、あるいは人気のあるスポーツ選手が書いたもの、さらには芸能人が書いた書物や、普通の映画などが排除されてきます。

昔話の水脈をたどりながら、現代のわたしたちの政治意識の特徴をさぐるためには、材料はなるべくひろい方が良いでしょう。

ですから、本書で「アニメなど」というときは、その周辺のマンガや映画をはじめ、わたしたちが楽しんでいるものを、ひろく含むことにします。このアニメなどに、昔話から流れ込んでくる傾向のありかたを、発見することが、本書の課題です。

⑤本書の概要

本書で考えたいことは三つにわけられます。

第一は、利己主義的な個人主義です（2「弱肉強食の個人主義」、3「男性の利己主義」）。

第二は、宗教的な意識です（4「やわらかな宗教意識」、5「守護シンボル」）。

第三は、個人の独立心や共感や協力の問題です（6「独立心」、7「独立心と共感」、8「親子の共感」、9「正義のための協力」）。

利己主義的な個人

第一は、利己主義的な個人についてです。2「弱肉強食の個人主義」では、だますものが正義であり、どのような手段をつかっても、勝利した者が正義です。動物たちは、お互いに、だましだまされる関係のなかで、相手の食料を横取りしたり、最後には、相手を殺してしまったりします。この話は、もちろん、人間の世界を描いています。この弱肉強食の関係は、現代のアニメなどにも引き継がれています。本書では『カイジ』や『ハゲタカ』を取り上げます。人が人をだまし、敗北者を「クズ」と呼び、奴隷労働をさせ、殺人にいたります。

3「男性の利己主義」は、弱肉強食のエゴイズムの現れ方のひとつが、男性の女性に対する利己主義ですので、男性と女性の関係を扱います。昔話「食わず女房」は、食事をしない、つまり人間としてのニーズを満たさなくても良い女性を、男性が望んで、殺されそうになる話です。これは、女性を道具として扱うことへの禁止であり、女性差別禁止の原点です。この問題は、現代まで続いており、それを問題とする木下順二の『夕鶴』や是枝裕和監督の『空気人形』を扱います。

宗教的な意識

第二は、宗教的な意識についてです。前の、あつかましくてエゴイストの個人主義者に対しては、おとなしい人は、むしろ敗者になる可能性が高いでしょう。しかし、この人たちは、まじめに正直に親切に生きておれば、きっといつかはうまくいくと思っています。そこで、自分たちを、超越的な力がたすけてくれると願っています。

4「やわらかな宗教意識」では、人びとが、何教とか何宗というような、明確な宗教団体や、教義については、さしたる関心はないのですが、超越者がどこかにいると思いたいというような意識を扱っています。やわらかな宗教意識は、現代でも『アンパンマン』や『となりのトトロ』などの中に生きていると思われます。

この宗教意識が、自分の利益をだんだん強く意識するようになりますと、自分独自の宗教的な守護者をのぞむようになったようです。そこで、不思議な力をもった犬を登場させたりします。これが、5「守護シンボル」の話です。この意識は、いまでも、ますます活発になっており、ドラえもんや、ポケットモンスターを生み出しています。

独立心および共感と協力

第三は、個人の独立心や共感や協力の問題です。守護シンボルを個人の中に取り込みますと、人びとは自分を信じるようになり、独立心を持ちます。これが、6「独立心」の話です。昔話に出てくる子どもは、いずれも独立心が非常に強いのが特徴です。

その代表として「五分次郎」を見てみます。独立心は、マンガ『明日のジョー』や『風の谷のナウシカ』に引き継がれます。しかし、独立心のある政治家になりますと、独善の可能性がでてきます。ナウシカにもその危うさがありますし、『デス・ノート』のライト君になりますと、死神にすら「お前は悪魔だな」といわれる状態です。

独善に対抗するのが共感の能力です。7「独立心と共感」では、親に殺されようとする姉を助ける妹の話を出します。妹である「星」にとって、姉を助けることは何の利益もありません。しかし、姉「月」を思いやり、その立場に自分をおいて、共感して助けます。この「立場置換の能力」は、是枝裕和の映画『誰も知らない』と『万引き家族』にも引き継がれています。

8「親子の共感」、は、姥捨てをやめさせる話です。前の親の子殺しをやめさせる話に対して、これは子どもの親殺しをやめさせます。子どもが親の立場に自分をおいて、やめた方が良いと判断します。

この問題は、現代の劇作家である関根勝にも継承されています。関根は『更級の月』をつくり、親子の愛情をうたいあげました。今の時代では、親を山に捨てることはないかもしれませんが、別のかたちでの姥捨てがあるかもしれません。この点の警告でもあるでしょう。

共感が、いじめを防止する協力に発展しますと、9「正義のための協力」になります。昔話では「サルカニ合戦」です。いじめられるカニさんを、隣人の蜂や石臼などが協力して助けます。単なる共感だけであれば、傍観することも可能でしょう。

　しかし、「サルカニ合戦」では、隣人は傍観するのではなく、協力して助けます。この精神は「正義のための協力」であり、現代のアニメなどでは、「クレヨンしんちゃん」や長編マンガ『ナルト』にも強くながれこんでいます。

　全体として、本書で発見したことは、昔話から現代のアニメなどを通じて、わたしたちは、独立心をもち、正義のためには、友だちと協力してたたかうという、誇るべき伝統をもっていることです。この本を書くなかで、筆者も、わたしたち自身についての自信と誇りを、強くもつことができました。

2 弱肉強食の個人主義

①だましあいの悲劇

個人主義

社会には野蛮なエゴイズムが蔓延しているという昔話はおおくあります。このような、野蛮で荒涼たる社会では、秩序もなければ規制もありません。荒れ地のような社会です。

従来言われてきたような日本のタテ社会は実は人工的なものであり、もともとあるわけでもありませんし、権威的社会が日本の運命であるわけでもありません。

昔話では、エゴイズムの主体は、人間のかかわりにキツネや熊などが演じますが、いずれも、自分ひとりで考え、自分ひとりで行動します。典型的な個人主義者です。

キツネなどの登場人物は、非常に強いエゴイズムをもっており、他の者をだまして、食べものをとりあげたりします。ところが、だまされた方もまた、相手をだまして、復讐をします。この状態には、相互の尊重もありませんし、集団主義もありません。

政治学の古典であるトマス・ホッブズは、人間は、しょせんバラバラで、自分がいちばんかわいいものであり、このような人間を放置すれば、やがて個人と個人の争いになると考えました（ホッブズ『リヴァイアサン』水田洋訳、岩波書店、二〇〇五年、二〇七〜二一五頁）。

ホッブズの場合には自然状態という独特の一般理論が基礎にあります。昔話には、この種の一般理論はありません。しかし、その結果としての社会の現状は、あらそいであり、だましあいであり、殺しあいであり、おなじものです。

これから述べる昔話では、人間の代役をつとめているキツネたちが、だましあって、食料を奪い合います。人はけっきょく、ひとつの身体をぬけでることができませんので、自分の身体を維持するためにエゴイズムを克服できない面があります。

日本の政治学が、明治時代以降、ホッブズなどを西欧から継受して、学問の基礎を形成してきたことは、日本の政治学形成史においてたいせつなことでした。

しかも、ホッブズなどを受け入れる個人主義の素地は、だましあいの昔話のなかに、すでに強く、つくられていました。この点は、のちに見ることにしますが、その意味では、日本社会は、もともと個人主義の基盤のある社会です。

権威主義

しかし、日本は個人主義の社会ではなくタテ関係のつよい権威主義社会であるという学説も根強くあります。

たとえば平安時代の貴族や天皇と周囲の関係に政治の原形をもとめる政治学者もいます。天皇を頂点とするタテの権威社会が、日本の政治の古い地層のようなものだという人もいます。それはそれで、政治の一面ではあるでしょう。

しかし、これは日本に限ったことではありません。いつの時代でも、どこの国でも、権力をにぎった人は、自分の権力を確定するために、他の人が、自分にしたがうことが義務であるとか、道徳であるというようなことを言いたがります。

権力を握った人は、自分はもともと優れた人であるとか、高貴な人であるとか、カミ様であるなどと言うことによって、自分の力を正当化し、他の人たちを従えようとします。これが権威主義理論です。権威主義理論は、たまたま統治権力を握った人のエゴイズムにとっては、非常に便利な理論です。

ですから日本でも、他の国と同じように、統治する人は、もともと選ばれた人であるというような理論が、何か古い地層がとつぜん地表に出てくるように登場する、と思えることもあるでしょう。

個人主義的統治者の権威主義

民主主義の時代であっても、エゴイズムを全くもたない人が政治家になることはないでしょうから、たまたま政治権力を握った人は、だれであっても、自分の権力を、より長く維持し、より強くしたいと思うでしょう。

権力を握った人は、もともとは自分のエゴイズムのために使おうと思っている政治権力を、社会にとって必要不可欠なものであると述べ、自分の統治を正当化したいと思うでしょう。

そのためには、社会は、もともと昔から自分の下に組み立てられていたタテ社会であり権威的社会であるという理論は、実に有効なものです。しかし、この理論は、たまたま権力をにぎった人にとって役にたつだけです。わたしたちのような、普通人にとっては、あまりありがたい理論ではありません。

統治する人の権限や役割は、わたしたちが決めるもの(法の支配)であって、統治者自身が決めることではありません。しかし、統治者のエゴイズムが働きますと、統治者は、自分で自分の権限を増やそうとして、権威主義的なおこないをしたいと思います。

結局、統治者もわたしたちも個人主義者だという点では同じです。わたしたちの中から出て、たまたま権力を握ることになった人が、権威主義を持ち出します。ならば、他の国とおなじように、日本であっても、政治をささえる基本原理は、権威主義ではなく、個人主義だということになります。

もちろん個人主義にもさまざまな内容があります。エゴイズムだけでなく、それぞれよく考えて協力し、安全な社会をつくろうとする態度も個人主義です。孤立してはいけないから愛しあおうというのも個人主義です。しかし、ここで扱うのは、個人主義の非常に利己的な姿です。昔話のエゴイスティックな話を、関敬吾は「動物葛藤」として採集しています。そのいくつかの、昔話の実例を見てみましょう。

モズ（百舌鳥）とキツネ

ある日、キツネとモズ（百舌鳥）が、魚屋の橇《そり》から魚を盗む計画をつくります。モズが魚屋の注意をひく役割をにない、そのすきに、キツネが魚を盗むという計画です（引用は、関敬吾『日本昔話大成第一巻』五〇～五三頁より。以降、『大成一巻』と略）。

魚屋が、目の前にいるモズに気を取られている間に、キツネが林から飛び出して魚を盗むことに成功します。やがてモズはキツネに合流して魚を食べようとします。

ところがキツネは、魚の肉は自分のものだから食べてしまったと言い、モズの分け前である骨はのこしてあると言います。獲物である魚の配分方法は、キツネが勝手に決めたものです。

これにモズが怒り、復讐することにして、キツネにもう一度、魚を盗む計画をもちかけます。キツネはこれに同意しますが、こんどはやや違う作戦です。キツネが棒杭に化けて、モズがその上にとまり、飛び出して魚屋の注意をひき、キツネが魚を奪うという計画です。

やがて魚屋がきますが、モズはうまく逃げて、魚屋は、棒杭に化けていたキツネを激しくたたきます。キツネは傷つき、モズに対して言うのですが、

「俺ばッかりひでー目にあわせたない（ね）、腰骨ん折るるごと打たれたばう（ぞ）、てち百舌鳥ば怨《う》ろだげな。そすと百舌鳥ァ当たり前たいお前、甘《んま》かもん食て…てちゅーたげな。」

このように、この話には、だます、だまされるという関係に、復讐がはいっています。おたがいに身勝手なエゴイズムをぶつけあう関係です。次にキツネと熊の関係です。

魚泥棒

ある日、漁師が川の氷に穴をあけて魚を捕獲して、その魚を橇《そり》にのせて帰宅している途中でした（引用は『大成一巻』二二四〜二二六頁より）。

キツネは路上にねころんで死んだふりをしていました。漁師は、ひごろから、キツネの皮で帽子を作りたいと思っていました。キツネが死んでいるとおもって、キツネを、橇にのせ、引いて帰ることにします。その後キツネは起き上がり、魚を盗んで森に逃げ、隠れて食べました。そのとき

「キツネの食べているところへ熊が来て『どこでその魚をとったんだい』ときいたのでキツネは『釣りをしてとったんだ』と答えたので、熊は『そういう魚がとりたいなあ』といいました。」

ここでキツネは「君に秘訣をおしえてやる」と言い、氷に穴をあけ尻尾を垂らすように教えます。熊は、これにだまされ、尻尾は凍り付き、最後に尻尾が切れてしまいます。この話は、全国で五話の例が採集されています。

キツネと熊

この話は、熊の復讐です（引用は『大成一巻』五三～五六頁より）。キツネが熊に対して、自分の知っているところに「よい土地があるんじゃ。そこを切り開いて畑を作って、うまい物を作ろうと思うんじゃが、どねえなら（どうだろう）」と相談をもちかけます。熊は、これを了解します。

キツネは熊に、土地の開墾をするように依頼して、自分は、種を盗みにいくと言います。種を

手に入れてきたキツネは、

「一休みして言いました。『熊さん、熊さん、これがもうじき大きゅうなるが、後で喧嘩になるといけんから、初めに誰がどっちを取るかを決めておこうええ』というと、『うん、それもよかろう』と熊は賛成して、『そんならわしからいうぞ』とキツネは先回りしました。『わしは土から下のものをもらう』というと、熊は仕方がないので、土から上のものにしました。」

しばらくして、収穫の時期になりますと、キツネは熊に、土から上のものを取るように言い、ついでに、土の下のものも掘り起こしておくように依頼します。熊は、よろこんで、青い葉をかかえて持ち帰り、キツネは下のものを持ち帰ります。

ところが熊の青い葉は二日もすると、しおれてしまって食べることができなくなります。熊は、キツネの方はどうしただろうと思って、キツネのところに行くと、白い大根がたくさん積んであり、キツネはそれを食べています。熊はだまされたことを知って怒ります。

キツネは、約束だからしかたがないと言い、つぎは逆で良いと述べます。そこで熊は、こんどこそは土の下をもらうことにします。キツネは、またどこからか種を盗んできて、熊に栽培させました。やがてみのりと収穫の季節になり、熊は土から下をもらいますが、細い根があるだけです。

熊は、キツネのところを見に行くと、キツネは、赤いイチゴを並べて食べています。熊は、自分もほしいと言いますが、キツネは、熊が自分の責任で約束したことだからと、譲りません。熊はキツネに不満を言いますが、キツネは、おわびに蜂の巣をおしえます。

蜂蜜は、自分の好物だからと、熊は、よろこんでキツネと蜂の巣にいきます。ところが、巣をとろうとした熊は蜂の大軍におそわれて、必死に逃げます。その間に、キツネは蜂蜜を食べてしまいます。熊は、三度だまされてようやく、キツネとは、こういう者だと理解します。

ある日、熊は自分の力で捕獲した馬を食べています。そこにキツネが来て、どうしたら馬を捕獲できるかとたずねます。熊はキツネに対する復讐心をもっています。熊は、むこうの草原に馬がたくさんいるから、そこでつかまえろと言います。

馬の捕獲にはコツがふたつあると教えます。ひとつは、まず、じぶんの尻尾と馬の尻尾を結びつけること、次に、馬の後ろ足に、つよく食いつくと、馬は、しだいに弱って倒れるから、これを引いて帰って食べればよいという方法です。キツネは、なるほどと思い、言われたとおりに実行します。ところが、馬は、弱って倒れるどころか、

「びっくりして、ヒヒヒンと立ち上がって、くるくる回って、キツネをぶん回しました。尾と尾が結んであったので、キツネは目を回し、おしまえには尾がポンと抜けて、キツネは向こうの山の岩角にたた

きつけられて死んでしもうた。」

この話は、いわば目には目を、の話であり、世の中をだましあいとして理解しています。ここには、お互いを理解しあって作る秩序はありません。しかし、もっともずるがしこかったキツネが、復讐をうけて殺されるように、最後には、おたがいの殺しあいしかないという殺伐とした結論です。

キツネも熊も利己主義的な個人主義者であり、昔話は、個人主義のもつ狂暴な面を、十分に示しながら、それに対する警告を発しています。過度に利己的な個人主義を、いましめています。

② 映画『カイジ』

いままで見てきました昔話の個人主義エゴイズムの世界には、政府もなければ法もありませんでした。警察官が登場するわけでもなく裁判所も存在しませんでした。この意味で、世の中を治める統治機構はありません。

この昔話の個人主義エゴイズムは、個人の原形のようなものでしょう。この粗暴な原形が、現代社会にでてくると、どのように動き回るのでしょうか。現代社会には、市場があり、政府があり、警察などもあります。その違った環境で、昔話のエゴイズムの原形は、どう生き抜いていくのでしょう。

この点を見るための一つの例として、映画『カイジ』をとりあげます。この映画の原作者は福本伸行です。福本は『週刊ヤングマガジン』（講談社）で一九九六年からマンガ『カイジ』を連載し、いくつかのシリーズの名前を使いながらヒットをくりかえしました。

このマンガはテレビドラマにもなり、二〇〇七年から二〇〇八年にかけて日本テレビで放映されました。さらに二〇一一年にも半年間、日本テレビで放送されています。

映画化されたものでも五本以上あるようです。本書では、そのうち最初の映画である『カイジ・人生逆転ゲーム』を使います（福本伸行・講談社／二〇〇九「カイジ」制作委員会『カイジ・人生逆転ゲーム』、株式会社バップ、DVD、二〇〇九年）。

この映画には、都市があり、コンビニがあり、金融業者がおり、労働者がおり、巨大客船があります。舞台は、たぶん現代日本でしょう。

賭博船への監禁

少年であるカイジは、不注意で友人の借金の保証人になったばかりに、悪徳金融業者によって、法定利子率をはるかにこえる違法な利子を請求され、暴力団まがいの集団によって脅迫され、払えなければ船に乗れといわれます。

カイジ少年とおなじようにして集められた多くの青少年が客船の中に、監禁されます。金融業者は、カイジ君たちが、あたかも自分の意思で客船にのったように言うのですが、乗らなければ、莫大な借金の支払いをせよと脅迫します。

支払えない額を請求するのですから、少年たちは船にのる以外の選択肢はありませんでした。これは強制的な監禁ですし、監禁された客船の中には、警察の力も、裁判所の力も及ぶこともなく、人権も法の支配もありません。

監禁された人たちは「負け組」とか「クズ」と呼ばれます。「負け組」というのは、大金持ちの人たちに比べて、生活費にも困るような貧困に襲われている人という意味です。所有するお金の量で、「勝ち組」と「負け組」とを分けているのです。

「クズ」に人権はない

「勝ち組」とか「負け組」とか言われると、わたしたちは、小学校の運動会を思い出します。たとえば、「かけっこ」の場合、すくなくとも、人間の能力の一部である運動能力の差によって勝ちと負けを決めます。

しかし、この場合は、勝った人も負けた人も、賞状一枚くらいの差はできたとしても、人間であることを否定されるわけではありません。勝敗の結果にかかわらず、「かけっこ」が終わったら、ともだちとして、一緒にお弁当などを、たのしく食べるものでしょう。

ところが映画「カイジ」では、「金は命よりも重要だ」といわれています。金を神様のように崇拝する拝金主義の宗教団体のようなものです。

さらに「クズには人権はない」とまで明言されます。ところが、お金は、人間ではありません。人間の外にある物質にすぎません。ですから、お金で人を評価しますと、どんなに愛情深い人でも、その人の価値は消えてしまいます。どんなに人のために思いやる人でも、その人の価値は消えてしまいます。人間の価値が見えなくなりますので、人を殺すことにも、何の罪悪感もなくなります。

映画『カイジ』は、このような世界を描いています。現代の一部の政治家が持っているお金中心の価値観で世界をつくるとこうなる、という映像を示しています。

映画『カイジ』では、お金を持つ人が、このお金で、持たない人すなわち「クズ」の命をもてあそぶゲームを楽しみます。お金持ちが「自分たちだけが安全である」資格をもつことを、強烈に主張します。

さらに、お金を持つ者が、持たない者を殺してよいということになっています。すると、お金持ちも、お金を失えば、殺されるかもしれません。貧しい者もお金を持てば、運命が変わることになります。

だから人間がお金を操作するのではなく、お金が人間の運命を決めています。人間がつくりだした制度にすぎないお金が、もともと主人公であった人間にかわって、主人公になってしまっています。人間が支配する世界ではなく、お金が支配する世界です。

だまし、だまされる関係、あるいは殺し殺される関係を、防ぐことができないという意味に限れば、カイジ君たちがおかれた環境は、昔話の個人主義エゴイズムと同じです。

ところが、昔話の個人主義エゴイズムの世界には、お金は登場していません。権力も登場していません。ただ、同じビー玉のような個人が争っているだけでした。

現代社会では、この単なる、平等なビー玉としての個人が、経済力や権力という、巨大な武器をもつ人と、もたない人にわかれることになりました。ですから現代の個人主義エゴイズムは、昔話を継承しながらも、昔話では想像もできなかったような、残酷な結果をもたらしています。

地下奴隷工場

映画の『カイジ』にもどりますと、主人公のカイジ君たちがおかれた状態は、お金を持つ者が自由で、持たない者が奴隷以下であるというきわめて人工的で特殊な経済制度で作りだされたものであり、地下工場で奴隷労働が強制されています。

奴隷から脱却したければ、高層ビルの間に渡した細い鉄骨を渡ってみろと言われます。強烈なビル風もありますから、これを渡りきった人はいませんでした。

この鉄骨渡りは、大金持ちの遊びでした。金持ちは、渡りきる者が何人いるかを賭けており、隣のビルの酒場の窓から見ながら、人が落ちて死んでいくたびに、歓声をあげて喜びます。

地下工場の奴隷にされたカイジ君は、もともと、自分を「負け組」であるとか「クズ」であると思うように洗脳されていました。自虐的で黙々と労働していました。しかし、不満が限界まで大きくなりますと、カイジ君は、鉄骨渡りに挑戦することにします。

生きる意味

挑戦した人は多くいるのですが、ビル風で、次つぎに落下して死んでいきます。カイジ君はじめ、わずか三人が残ったころ、カイジ君は、開眼します。

カイジ君は、橋を渡るように強制され、強風で落とされそうになって生死の境目に立ちますが、そのとき、自分が生きていることがいかに貴重で重大なことかを発見します。

カイジ君の友人であった「オッサン」も鉄骨渡りに挑戦します。しかし「オッサン」は自信をなくし落下を覚悟します。「オッサン」は生死の境目にたったとき、彼の娘さんをおもい、娘さんのための遺言をカイジ君に託します。

落下する「オッサン」を助けようとして失敗したカイジ君は、生きることは、同じように生きている人をおもいやることだと、はじめて自覚します。

ここから、カイジ君の洗脳が解けていきます。人間の外にあるお金の量で人を見るのではなく、人の内部の美しさ、あるいは愛情で、人の価値を発見することができるようになります。

本当に立派な人間というのは、お金持ちのことではなく、ほかの人を思いやることのできる人であるということを発見します。だから、自分のお金の力にまかせて、ほかの人を監禁したり、殺したりする人は、人として最低であることに気づきます。

もはやカイジ君は、「負け組」でもなく「クズ」でもありません。立派な人間性を取り戻して、暴力団まがいのことをしている集団を糾弾することになります。

③映画『ハゲタカ』

昔話の個人主義エゴイズムは、現代社会に出てくると、どう生きていくのでしょうか。映画『ハゲタカ』は、現代に流れ込んだ個人主義エゴイズムの、重要な一面を示しています。

前に見ました映画『カイジ』は、お金持ちが暴力団まがいの違法な暴力と詐欺によって、貧しい人を食い物にするという話でした。この映画『ハゲタカ』は、証券業界の争いを描いています。

証券取引において行われる、だまし、だまされる話です。

『ハゲタカ』は、もともと真山仁の経済小説『ハゲタカ』シリーズを原作としています。NHKでドラマ化され、二〇〇七年に放映されています（真山仁『ハゲタカ（下）』講談社、二〇一三年、四二〇～四三一頁）。本書は映画版の『ハゲタカ』を使います（東宝株式会社「ハゲタカ」制作委員会『映画・ハゲタカ』NHKエンタープライズ、DVD、二〇〇九年）。

外資ファンド

現代の市場社会は、証券業界を中心として動いている傾向があります。この業界では投機がはげしくおこなわれており、この映画は投機をめぐる、みにくい争いを描いています。

具体的には、それまで名前すら知られていなかった、小規模の外資系ファンドである「ブルー・ウォール・パートナーズ」と、日本の「鷲津ファンド」の間で争われます。両ファンドは、アカマ自動車株式会社の株式をめぐって、公開買付の競争をします。

ブルー・ウォール代表者の劉一華《リュウ・イー・ファ》は、東京で、突然の記者会見をして、アカマ自動車の株式の公開買付を発表します。会見の中では、「公開買付の動機は、アカマ自動車の保護と発展である」とされ、「経営陣を刷新して自分が権力を握るようなことはしない」と言います。

これに対して、記者側から、「真の目的は何か」という質問が出ます。劉一華は、「自分は、中国残留孤児三世であって、日本の発展に寄与するのが夢であった」と言います。したがって「アカマの経営に対して敵対的なことは一切しない」と約束します。

劉一華の側から出された買い付け価格は、一株一三〇〇円です。これに対して、アカマ自動車の経営陣は、会社が外資系ファンドに乗っ取られるのではないかと不安になります。

鷲津ファンド

アカマの執行役員であった芝野健夫は、日本のファンドによる対抗的な株式買付を行ってほしいと考えて、鷲津ファンドの社長であった鷲津をさがして会いにいきます。

鷲津は、以前は日本の証券市場で派手に活動したのですが、その後は、日本を離れてリゾート地でひっそりと暮らしていました。

そこに芝野が現れて、アカマの窮状を訴えます。鷲津は証券取引の事業をどこまでやっても、日本の社会は変わることなく、従来の政治家と官僚と大企業の支配は打ち破れなかったことにいやけがさし、ニヒルな感情をいだいていました。

芝野は、一度は、日本の証券業界の改革を夢見た鷲津の行為にも責任があるとして、アカマ擁護のために対抗的買収をするべきだと説得しようとします。結局、鷲津は納得し、日本に帰り活動を再開します。

鷲津ファンドでは、株価の上限は二〇〇〇円とみていました。そこで鷲津は、その後、ブルー・ウォールとの間での価格つり上げ競争に乗り出すのですが、ブルー・ウォールが二二〇〇円の価格を提案した時点で、買収をあきらめます。アカマ自動車の社長である古谷隆史は、結局ブルー・ウォールとの提携を発表します。

劉一華の真実

しかし鷲津と芝野は、どうしてもこれに納得できません。ブルー・ウォールの真の姿を調査します。その結果、ブルー・ウォールの資金源は中国の政府系ファンドのCLIC（中国長期投資銀行）であり、その幹部はみな共産党高官であることがわかります。

さらに、中国としては、アカマを買収したのち、この工場を中国に持ち込み、最終的には、中国の企業の傘下に組み入れる計画であることも明らかになります。

結局、劉一華が発表した買収目的はうそであったわけです。さらに、鷲津ファンドの調査員である村田が、湖南省の劉一華の故郷を調べるために、現地に行きます。すると、そこで、実は、真実の残留日本人孤児三世の劉一華が今も生活していることを突きとめます。

ブルー・ウォールの劉一華は、偽者であることがわかったのですが、すでに、アカマとブルー・ウォールの提携は発表されており、鷲津の敗北はあきらかでした。

鷲津の賭け

鷲津は計略をねり、突然、アカマ自動車とは関係のない証券会社であったスタンリー・ブラザーズの買収計画を記者会見で発表します。スタンリー・ブラザーズは、アメリカの投資ファンドで、不動産の不良債権を証券化して売りさばいており、その会社の内実は最悪の状態でした。

鷲津は、記者会見で、スタンリー・ブラザーズの経営陣の総退陣を要求します。これは、あえて行った脅迫でした。鷲津は、元ＩＴ企業社長であった西野治に会いますが、実は西野は、スタンリー・ブラザーズの経営陣と知り合いでした。

西野はスタンリー・ブラザーズに、ブルー・ウォールを紹介して、劉一華の支援を受ければ、鷲津の買収から防衛できると示唆して、両社が提携するよう画策します。

西野のこの作戦は成功して、鷲津に対抗するために、ブルー・ウォールがスタンリー・ブラザーズを買収することにします。

偽の劉一華（以下では劉一華と書きます）は記者会見をおこない買収を発表します。その直後から、鷲津ファンドが、スタンリー・ブラザーズの株式の投げ売りをはじめます。スタンリー・ブラザーズの株価は急速に暴落します。

アカマ自動車はブルー・ウォールと提携することを発表していましたから、アカマの株価も暴落していきます。アカマ自動車とスタンリー・ブラザーズの両社に莫大な資金を注入したブルー・ウォールは、巨額の損失をだすことになります。

劉一華は、中国から、その責任を指弾され、何者かによって、路上で刺殺されます。アカマ自動車社長の古谷は解任され芝野が後継者になります。

カネがすべての世界

しかし、鷲津には、どうしても劉一華が、なぜアカマ自動車を買収しようとしたのか、その理由が理解できませんでした。別人になりすましてまで中国政府をだまし、日本の市場をだまして、アカマを買収しようとしたのは、なぜか。

鷲津と劉一華は、映画の中で二回、直接会話しています。そのとき劉一華は述べています。彼はアメリカの証券会社であるホライズン社のニューヨーク支店で、鷲津の下で働いていた過去がありました。

鷲津は劉の憧れのまとであり、鷲津が言った「強くなれ」が劉のバイブルでした。劉は鷲津のようになりたかったのです。

このとき劉が鷲津に対して言い放つ言葉は、現代の市場主義の精神をじつによく示しています。劉一華によれば、三流大学出身の鷲津は日本の銀行で出世できませんでした。だから、鷲津は、皮膚の色も、身分も、学歴も関係なく、カネさえあればよい証券業界にはいったのです。ならば劉も鷲津を見習って、別人になりすまして、お金持ちになることができるかもしれない。このように思いました。

カネさえあれば、既存のエリートと対等に戦える。これは鷲津にとっても、劉にとっても魅力的でした。この意味にかぎれば、カネは人を自由にします。しかし鷲津は、一度も笑うことがありません。劉によれば、鷲津がアメリカで買収に成功したときも喜ぶことはありませんでした。

「資本主義」の「焼野原」

その理由についての鷲津の回答は過去の罪の意識にありました。鷲津が銀行員のころ、三島製作所という小さな会社に貸した二〇〇〇万円を取り立てるとき、三島製作所の社長が自殺したのです。

これが、鷲津の原体験であり、これを鷲津は「人を殺した」という言葉で記憶しています。鷲津は、これが「資本主義だ」と言い、「焼野原」とも言います。「カネが悲劇を生む」と断言します。

鷲津は、カネを持てるようになり、ファンドも作りました。しかし現代社会は「悲劇」だという言葉から逃げることができなかったのです。これが証券市場中心の現代の特殊な経済のありかたに対する断罪になっています。

本書では、前に、昔話の、キツネと熊などのだましあいについて見ました。その結果、キツネは死んでしまいます。昔話の警告は、この映画の中でも繰り返されているといえるでしょう。

3 男性の利己主義

これまで証券業界における極端なエゴイズムを基礎としたあらそいを見てきました。つぎに扱うのは、男性の女性に対する、極端なエゴイズムです。昔話は、男性中心のエゴイズムに対しても、強い警告をしています。その警告が、いちばん明確なのが「食わず女房」です。なお、ここで男性の女性に対するエゴイズムというときは、女性のほかにも、その他の性に対する差別も含みます。論理的には、女性の男性に対する、あるいはその他の性に対する差別も含みます。

1 食わず女房

関敬吾によって「食わず女房」としてまとめられている多くの話は、『日本昔話大成』によると、日本のほとんどの地方で確認されています（引用は『大成六巻』一八二～二二六頁より）。

「食わず女房」の話の登場人物は、通常は夫と妻の二人です。いくつかの話では、妻の秘密を見てしまう隣人も登場して、合計三人となることもあります。

話は、「欲がふかい」とされている男性が、食費を削るために、食事をしない女性（「食わず女房」）を妻にしたいと望むところから始まるものがほとんどです。この男性は、貪欲で冷酷な積極的エゴイストです。

この男性は「食わず女房」が欲しいと、神に願ったり、友人にたのんだり、一人でしゃべったりします。すると、そこに、その願いにそった女性が登場するのです。

しかし、少数の話では、女性の方から、自分は食事しないので妻にしてほしいと述べて出てくる場合もあります。このとき男性は、これを受け入れて喜ぶのですが、この男性は、いわば、消極的エゴイストでしょう。いずれにしましても「食わず女房」の話の、一方の主役は、エゴイストの男性です。

もう一方の主役に、妻となる女性がいます。妻は、口を持たないことが多く、夫の前では何も食べません。この意味で夫のエゴイズムを満足させます。ところが、この女性は、夫が仕事に出て一人になったとき、莫大な量の米や味噌汁などを食べます。

女房の秘密

女性の大きな口は、多くの話では、髪の毛でおおわれている頭にかくれています。ところが夫が、商売に出かけたり、山に木を切りに出かけたあとで、妻は、大きな釜をもちだして米を炊いたり、大量の味噌汁をつくったりします。

妻は、髪の毛をかき分けて、大きな口をだし、一挙に食べてしまいます。いくつかの話では、腹に口があることもあるのですが、口が、日ごろは隠されていることは同じです。

夫である男性が、この妻の秘密に気づく方法については、二通りあります。ひとつは、隣人が、たまたま、妻の不自然な食事を、雨戸の隙間などから目撃して、これを夫に通告する場合です。もうひとつは、米が不自然に減っていることを発見した夫が、外出をしたふりをして屋根裏などにかくれ、妻の食事を目撃する場合です。

秘密を知られた妻は、本性をあらわします。鬼や、大蛇や、大蜘蛛や、山姥などの化け物に、一変するのです。化け物は、夫を桶にとじこめて実家に持ち帰って食べようとします。夫は、桶から逃げ出すために、必死のたたかいをして、命からがら逃げます。

男性に対する処罰

男性は、なんとか生きのびるのですが、命を奪われるかもしれないほどの危機に直面して恐怖をあじわいます。この危機は、女性である妻に食事をさせようとしない夫の極端なエゴイズムに対する、女性の側からの処罰でしょう。

この男性については、話の中では「欲がふかい」とか「けち」であるとされており、エゴイストとしての問題のある人物であることが最初から指摘されています。

話の趣旨は、このような男性に対して、化け物を登場させて、処罰するところにあるでしょう。男性は命を取られそうになるほど、重い処罰をうけるのです。

「欲がふかい」男性は、妻になる女性が食事をしないことを望んでいました。しかし、もちろん、女性は男性とおなじ人間です。人間としての心身両面からくる自然的ニーズをみたさなければ生きていくことはできません。

女性と男性は同じ人間

女性（あるいは他の性・以下同様）も食事をしなければなりません。男性とおなじように、衣類や住宅や自分の部屋なども必要としています。妻である女性は、男性の側の勝手な愛の論理で、支配されてはいけません。

夫に愛情があるならば、男性は、女性も自分とおなじ人間であることを自覚することが大前提でしょう。同じ人間である以上、男性が必要とするものは女性も必要とします。

夫から隣人として尊重されることも必要です。いじめられてもいけません。バカにされてもいけません。人間としてのプライドが尊重されなければなりません。

これらの点を理解するためには、「食わず女房」に出てくる男性が、女性は自分とおなじ人間であるという点を理解する、ただそれだけでよかったでしょう。

男性から女性（あるいは他の性）に、立場をかえて考えるためには、単に「人間」という大きな通路を通って相手の立場に行くだけでよかったでしょう。

自分が人間として必要としていることは、相手も、これを必要としている。ただそれだけのことです。これを理解しろ。「食わず女房」の話は、こう警告しています。

しかし「欲がふかい」夫は、「自分」の稼ぎで獲得した「米」を妻に食われるのは、不当であると考えました。

夫が「自分」中心で、つまりエゴイズムで、ものを考えた瞬間から、それまで目の前にあった、人間としての通路は、突然、見えなくなります。ただ、孤独な「自分」だけが残ります。

自己中心主義

このような人が、家庭の外にでていきますと、社会でも孤立することになります。妻であれ、友人であれ、「自分」の利益を奪うかもしれない敵であると考えるでしょう。「自分」のなすべきことは、たたかいであり、敵に勝つことであると思うでしょう。

このような「欲がふかい」人の自己中心主義につきあうことができるのは、人間ではなく化け物だけでしょう。つまり、昔話では、最初から、男性は化け物を妻にしようとしたわけです。

この男性のような極端なエゴイストたちがつくる社会は、化け物の社会になるだろう。「食わず女房」の話は、こう警告しています。

女性や、その他の性に対する、あるいは気の弱い人や貧しい人に対する、さらには不利な環境におかれている人に対する、あらゆる差別は、「欲がふかい」人たちの極端な自己中心主義の結果にすぎません。何も深い理由などありません。

その意味で、「食わず女房」の話は、現代の、おおくの問題を考えるときの重要なヒントとなっています。

②是枝裕和『空気人形』

映画『空気人形』（二〇〇九年）は、業田良家のマンガ（業田良家『ゴーダ哲学堂 空気人形』小学館、二〇〇〇年）に、是枝裕和監督がヒントを得て、映画にしたものです（是枝裕和『空気人形』Blu-ray Disc、株式会社バンダイナムコアーツ、二〇一八年。引用はこのディスクより）。

秀雄と空気人形

映画の脇役の男性である秀雄は、飲食店で接客の仕事をしています。秀雄は、店長から、注文もろくにとれないと小言を言われ「お前の代わりは」どれだけでもいるとなじられる日々に、笑い泣きしながら耐えています。

秀雄は、女性とつきあうことができずに、女性のかわりに、女性の形をしたゴム風船の空気人形を相手にして生活しています。アパートに帰ると空気人形をイスに座らせて、人形と会話しながら、飲食店の悪口をきいてもらい、食事をします。

夜は人形を相手にして性的な自慰行為をします。この映画で重要だとおもわれることのひとつは、秀雄が、人形を人形としか思っていないことです。その人形にあきたら別の人形を買えばよいと思っています。

人形が人形であれば

しかし「食わず女房」の夫は、女房を真実の女性であると思っていました。真実の女性に、コストを一切かけないで、サービスだけを要求したわけです。ここでは、真実の差別がおこなわれています。

昔話は「食わず女房」という標題になっていますので、もっぱら食事だけが問題だったとも理解されます。しかし女房は、お手伝いさんではなく女房ですから、食わず女房でも、ここに登場する風船の人形のように性的関係もふくめて、妻としてのあらゆるおこないをする存在であったと理解できるでしょう。

空気人形は、もちろん食事のコストもいりません。まさに映画『空気人形』は、「食わず女房」の昔話を水源として、日本の先祖の歴史の中を地下水のように流れてきた水が、現代になって噴出してきた泉と思うこともできるかもしれません。

ところが、「食わず女房」の夫が女房を人間の女性と思っていたのに対して、秀雄は人形を人形と自覚しており、人形との性的関係は、真の性的関係ではないことを自覚していました。

秀雄は、女性は別のところにいることを知っていました。だから、真実の女性を自分のエゴイズムの道具として実際にはずかしめることについては、あきらめており、性的関係を持っていません。

ですから、秀雄は、女性に対して実際の損害をもたらすような犯罪をはたらいているとまではいえません。すると秀雄の行いは、「食わず女房」の夫のような、実際の悪事をはたらくところまで徹底してはおらず、中途半端な位置にあります。

もしこの映画が、秀雄と空気人形の関係で終わっておれば「食わず女房」の最終的なメッセージ、すなわち男性に対する強い処罰まではいかなかったでしょう。

純一と人形の恋

しかしこの映画では、やがて人形が、人間の心をもち、精神的には人間の女性として街を歩き、あれこれに興味をもち、言葉も話せるようになって、ビデオレンタルの店で「のぞみ」という名前で働きます。

人形はこの店で、腕が装飾品の突起に触れ、そこが破れて人形の空気が抜けはじめます。それを見た店員の純一はセロテープをはって穴をふさぎます。しかしすでに相当程度空気が抜けており、純一は、人形に空気弁がどこにあるかを聞き出し、おなかの弁を開けて自分の息を吹き込んで人形を助けます。

人形は自分の秘密が知られたことに深い恐れをいだき、純一が自分をどう思っているかをたずねます。純一は「自分もおなじようなものだ」と述べます。

この言葉は純一の側から言えば、自分が人形であると断定したわけではありません。現代社会ではだれでも心に空虚をかかえていると述べたにすぎないでしょう。しかし、人形の側は、純一も、自分と同じ人形なのだと思います。

そこで人形は純一に恋心をいだきます。純一も人間の心をもっている人形に恋したのでしょう。二人は純一のバイクでツーリングをし、映画をみて楽しく過ごし、純一のアパートに行きます。

禁じられた遊び

アパートで純一は、人形の空気の弁を開いて、空気を抜きたいと言います。これは人形に対する殺意の告白でしょう。純一は、空気を抜いたあとは、また純一の息を吹きこんで生き返らせるから安心するように言います。

純一の愛を引きとめたい空気人形は、それを受け入れるしかありません。しかし、その理由がわからず「どうして」とたずねますが、純一のこたえはありません。

恋人としての関係をつづけたいと願った空気人形の側で、できたことは、純一のいう行為も愛の行為だと思って受け入れることだけだったでしょう。自分の好きな純一が自分にする行為は、愛の行為のはずでした。

しかし純一は、すでに心は人間の女性である相手に対して、殺害と蘇生を、純一の手で行ってみたいという、人間には禁じられている遊びをしようとします。

人形は、これを購入した人物であった秀雄にとっては、まだ人形にすぎませんでした。ところが純一が、心はすでに人間となった女性「のぞみ」を、殺したり生き帰らせたりしてみたいという欲望を抱きますと、これは女性の生死をもてあそぶことですから、相手を性的な道具とするよりも、はるかに罪深い欲望でしょう。

他方で、空気人形は純一を、自分とおなじ人形と思っています。「食わず女房」では、女房は山姥などの正体をあらわした後は、夫を自分の世界に連れて行って食べようとしました。

空気人形も、純一は自分と同じ人形だから、純一の空気を抜いたり入れたりすることができると思っています。つまり、純一を人形の世界につれていく準備ができています。

やがてその時がきます。純一が空気人形の空気を抜いたり、吹きこんだりします。人形の側では、これも愛情の行為だと理解しているでしょうから、今度は自分が純一に、その行為をしようとします。

しかし純一の空気弁がみつかりません。そこでそれを探すために腹を切りこんでみるのですが、みつかりません。これは大きな傷をつくり大量の出血をもたらします。しかし、人形からすれば、それはセロテープで止まるはずでした。しかし、不思議なことに、それは成功しません。

空気人形は、今度は純一の口から空気を送り込もうとしますが、これもうまくいきません。純一はそのまま死亡します。純一は抵抗していません。前の恋に失敗した傷をもつ純一には、心中願望があったのかもしれません。しかし、道ずれ殺人も、殺人であることにかわりありません。

「食わず女房」では、夫に「モノ」あつかいされた妻が、山姥などに変身して、夫を食べようとします。『空気人形』では、人形が、結果的には、人間である男性を人形とみなして、純一を死にいたらしめます。ここには、女性を「モノ」として扱おうとする男性に対して警告を発する昔話の伝統が生きています。

③伊藤詩織『ブラックボックス』

あのとき、あの男性から、私は「どうにでもできる『モノ』のように見られていたのではないか」（伊藤詩織『ブラックボックス』文芸春秋、二〇一七年、七〇頁）。

この呪いのような言葉は、過去のものではありません。伊藤詩織が、二〇一五年四月三日（金曜）の深夜から、翌四日（土曜）の早朝にかけて、シェラトン都ホテルの一室で経験した出来事を思い出して、茫然自失したときの言葉です。

ここで考えたいのは、『ブラックボックス』に書かれていることが事実かどうかではありません。この点を確かめる能力は筆者にはありません。しかし、この本が、本人が感じて考えたことを書いていることは明らかでしょう。

伊藤詩織からでた、自分はあの男性の「モノ」だったのかという感じ方は、昔話の「食わず女房」の問題提起が、今も生きていることを示しています。

山姥になれないなら、どうすればいい

「モノ」ならば、性的暴行をうけても、抗議もしないし、抵抗もしないでしょう。空気人形と同じでしょう。「モノ」ならば、人権はないでしょう。警察も、検察も、「モノ」の訴えをきくこともないでしょう。伊藤の本は、このような荒涼たる絶望でみたされています。

「モノ」扱いされたと思うことは、自分が人間世界から追放されたことを意味します。若い女性が、しっかり勉強してジャーナリストとして世界で活躍したいと思っているとき、男性にまけないで第一線で活動しようと思っているとき、友人と一緒に多くのことで楽しみたいと思っているとき、素敵な家庭をつくって幸せな人生をおくりたいと思っているとき、これらの全てが否定されたと感じました。このとき、一体何がのこるでしょうか。

昔話では、女性は山姥などに変身して復讐することができました。しかし実際には、女性が山姥になることはできません。

ならば、それに代わる現代の力は何なのでしょうか。これは、現代の政治に対して、どのような問いかけをしているのでしょうか。

④鶴女房

ここでの標題は鶴女房としましたが、登場する鳥は、鶴ではない場合もあります。雉《キジ》や鴨が出てくることもありますが、鶴が一番多いので、鶴女房の物語と呼ばれるようです。

鶴などが人間の女性になって男性のところに現れて夫婦となる話は、全国で七五話確認されています。この鶴女房の話は、ふたつのタイプに分類できるように思われます。第一は、報恩話であり、これは七五話全部に共通しています。

第二は、報恩話とタブー物語が結合したものです。報恩という意味では、この第二の物語も第一に入ります。しかし七五話全体のうち三〇話は、タブー物語をあわせて持っています。

第一の報恩を中心とする話をとりあげてみましょう。これは貧しい夫婦の長男である忠太郎の物語です。

鶴と忠太郎

忠太郎は、両親を経済的に助けようと、でっち奉公に出ます（引用は『大成二巻』二〇一～二一八頁より）。奉公して最初の年末をむかえて、忠太郎は、それまでの給金をもらって帰途につきます。帰りの道で、大勢のひとが、一羽の山鳥をつかまえて、これを年始のごちそうにしようと相談しています。このとき忠太郎は、もらった給金の全てをだして、この鳥を買いとります。忠太郎は、

「おれが命が惜しいように、この鳥も命が惜しかろう、おれの親がおれを待っているように、この鳥の親もこの鳥を待っているだろうと独り言をいっていた。やがて故郷の見える峠近くなると、忠太郎はこの鳥を放してやった。両親はこれを聞いて鳥けだものでも命の惜しいのには変わりはないと喜んだ。」

正月がすぎ、忠太郎が山の薪とりを、はじめたころ、ひとりの、目もさめるような美しい女性が登場します。女性は忠太郎の妻にしてくれと懇願するのですが、忠太郎は、自分の家が貧しいことを説明し、女性を養う能力のある豊かな男のところにいくように忠告します。しかし女性は、

「貧乏といってもいつまでも貧乏であるとは限らない。金持ちといってもいつまでも金持ちであるはずもない。私を刀自《とじ》（妻）にしてくださるなら、できるだけの働きはして、両親を介抱《わずら》って、ご安心をさ

せてあげますと頼みいる。」

老夫婦も忠太郎も「このうえ辞退もできず、娘を嫁とすること」にします。娘は、お金を持参してきており、多くのごちそうをして、正月を無事終ります。

妻は、やがて孝《こう》の小町《こまつ》とよばれるようになりますが、小町は夫と「二人で商売をはじめ」ることにして、自分は千羽織の布を織り、夫に、これを売りに行かせます。美しい千羽織は莫大な金額で売れて、一家は豊かになります。

忠太郎は、妻のおかげでここまで豊かになったのだから、小町の両親も迎えて一緒にくらそうと思い、小町の実家を訪問することを提案します。しかし、妻は困って身の上をかたります。

「私には父母も何もありません。今はあなたへの恩返しもでき、あなたもりっぱな身分となったからには私の義理も済みました。今となっては思い残すこともありません。私はあなたがいつぞや助けて下さった山鳥です。」

忠太郎も両親も「肝もつぶれんばかりにびっくりして」嘆き悲しむのですが、四人は、妻の願いどおりに寺に参り、お坊さんに読経してもらうと、小町は、やがて鶴になります。忠太郎と両親は鶴に取りすがって泣くのですが、鶴は、近くの木まで飛んで、そこで息が絶えます。

小町は、この話の中で、自分の役割とは「恩返し」であると述べています。それによって忠太郎の家族は経済的に豊かになります。この点は、全国の「鶴女房」の類話に共通しています。ではこの「恩返し」とは何を意味するのでしょうか。

恩と報恩

鶴（あるいは他の鳥）が受ける恩は、話によって少しずつ違いがあります。忠太郎の場合には、年末にもらった給金を使って鶴を助けますが、他の話では、罠にはまった鶴を助ける場合や、矢が刺さって苦しんでいる鶴を助ける場合などもあります。

ですから恩とは、鶴が命の危険に直面していたとき、その危険から逃れるために受けた援助を意味することが多いようです。

恩を与える側は、例えば忠太郎の場合が示すように、鶴がかわいそうだという親切心で救済の行動をしています。そのときの目的は、恩返し、あるいは報恩という、何らかの物質やサービスの獲得ではありません。

忠太郎は鶴との間に、忠太郎が恩を与えるから、鶴はそのお返しとして千羽織の布を織るというような約束をかわしているわけではありません。忠太郎は、報酬を期待しない善人として登場しています。

前の弱肉強食のだましあいに登場したキツネは、他の者をだまして、食物を横取りしようとしていました。このようなズルイ利己主義者にくらべれば、忠太郎は、キツネと全く違う善人です。実は鶴の恩返しの類話で、鶴を助ける人は、だれでも善人として登場します。ですから、恩とは、善人が、報酬を期待せずに行う善行であり、他者を助ける行為のようです。

この善行は、義務として行われるのではなく、自主的な他者救済として行われています。この点は、恩を返す人の行いの動機とはちがっています。

義理

忠太郎話に登場する鶴は、最後に「私の義理も済みました」と話しています。ですから恩を受けた者は、その恩返しをする義理があると思われています。恩を受けた者は、自主的に恩返しを考え、自主的に義理を果たすという倫理が示されています。

恩を与える側の行為は、善意によるものであり、義務によるものではありません。しかし、恩返しをする側は、義務を感じており、ここには、恩を与える側と、恩を返す側に、倫理的な不均衡があります。

しかし、この不均衡にもかかわらず、恩を与える行為も、恩を返す行為も、それぞれの自主的な判断として行われるという意味では、同じ性質を持っています。報恩の側の義務も、それぞれの自主的な倫理に基づく義務ですから、義務の尽くし方には変化がでるでしょう。

ですから、恩返しが、恩人に対してどこまで尽くすことかという点では、忠太郎話の鶴のように死亡するまで尽くす例は、あまり多くはありません。七五話のうちのほとんどが、鶴は最後には逃げ去るようになっており、鶴が死んでしまうのは、忠太郎話を含めて七話です。

宗教性（スピリチュアリティ）

恩を与える者と、恩を返す者のあいだで、当事者同士の意識レベルでは、あらかじめ約束があるわけではありません。しかし、この昔話をきく人の意識レベルでは、恩を与える行いと、恩を返す行いは、密接に対応し、結合しているように、きこえます。

ところが、物語の中では、恩と恩返しを、結合するためのロープやリングのような、例えば契約のような、両者を拘束するものが登場しません。

そこで必要になってくるのが、宗教性であるように思われます。ここで恩返しをするのが鶴のような鳥であることは、非常に重要ではないでしょうか。

実際には、鳥が人間になって登場することはありません。鳥に恩や恩返しの理解があるはずもありません。しかし、あえて鳥が人になり恩返しをするという話をつくりあげています。

ですから、鶴は魔法使いであり、女性に化ける魔術を使い、自分で、自分の羽を使って、布をおる魔術をもっています。ここには、鳥や動物が、カミとなって、人を助けてほしいという、人の願いと、それを信じたいと思う、人びとの宗教性があるでしょう。

つまり、恩返しを受けたいという気持は、実際にあるかどうかわからない神秘性をおびた願いであり、それに向けた祈りでしょう。

前にも述べましたように、忠太郎のように善行をする人は、前に出たキツネのように極端に利己的な人とちがって、他者をだましたり利用したりしようとは思わない正直な善人として描かれています。

このような善人が、キツネのような詐欺師的人物と競争すれば、勝利することは望めません。そこで昔話では、善人を応援するために、宗教性のある不思議な力をもったサポート役を登場させているように思われます。そのサポート役の一人が、ここで登場する鶴女房でしょう。

不思議な力をもったサポート役は、他の話でも登場します。例えば正直お爺さんに寄り添う犬であったり、親切な女性を宝手ぬぐいでサポートする乞食の姿をしたカミであったり、貧しい人をサポートするカミであったりします。

タブー

鶴が神秘的な魔術師、あるいはカミであるなら、鶴が人間として登場しても、鶴と人間のあいだには、超えることのできない距離があります。ここから「見るな」のタブーが出てくることも理解できます。

鶴が人間から、カミに戻って作業をしているところを見られたら、しかもそのカミが鳥の姿をしているなら、それまでと同じ人間として、他の人との関係を続けることは、困難になるでしょう。そこで千羽織の布を織る部屋をのぞいてはいけないという命令がされることになります。

この命令に反して男性が作業部屋をのぞくことは、カミの命令に反することであり、その処罰として、恩返しが終わり、鶴は飛び去ることになります。ところが、カミにも力の限界があるように設定されており、その力の限界までいくと、鶴は死亡する場合があるようで、そのような話が忠太郎話を含めて七話、収録されています。

⑤木下順二『夕鶴』

木下順二が昔話に関心を持ったのは「戦争中のことだった」ようです。大学時代に「雑談をわいわいとやっていた」頃、中野好夫に「民話の劇化を勧められた」といいます。そこで、「あのやりきれない雰囲気の中で、『全国昔話記録』を読み出した最初から、魂のふるさとのなつかしさを本格的に感じ、自分でははっきりと意識されない郷愁に駆られて次々に作品をまとめていった」(『木下順二集』第三巻、岩波書店、一九八八年、三二七頁。以下『集』と略)。

木下順二はこう述べています。ここで言われています『全国昔話記録』は柳田國男の編纂したものです(『集』第一巻、二九五頁)。これを基にした木下のいくつかの作品の中に『鶴女房(一九四三年)』がありますが(『集』第三巻、三二六頁)。しかし、木下順二は、この「『鶴女房』を、戦後、破り捨て、その同じ素材で新しく『夕鶴』を書いた」(『集』第三巻、三二七頁)と言います。それが一九四九年になります。

『夕鶴』の構造

これまで見てきました昔話『鶴女房』の文脈の上に、木下『夕鶴』を位置づけますと、木下順二は、忠太郎話を典型とする鶴女房の昔話から、第一に継承したものがあり、第二に削除したものがあり、第三に付加したものがあります。

第一に、木下順二が継承したものは三つありますが、その一つ目は、鶴を助ける人間が善人であることです。木下『夕鶴』の男性の主人公である「与ひょう」は善人として登場します。

継承したものの二つ目は、宗教性であり、鶴が、不思議なことに、人に化けて登場し、人のけがれのない清らかさ、換言すれば人としてあるべき姿を示します。人としての名前は「つう」とされています。「つう」は、愛しあう男性である「与ひょう」の守り神としての役割を与えられています。

継承したものの三つ目は、タブー物語です。「つう」は、機織りの作業をみないでほしいと、「与ひょう」にお願いしますが、このタブーを「与ひょう」が破ることで、二人の関係は、最終的に崩壊します。

第二に、木下順二が、昔話から削除したものは、戦中までの世間的な価値観であった報恩物語のコンテキストです。木下『夕鶴』の鶴も、矢に刺さって苦しんでいるところを、「与ひょう」に助けられます。しかし、鶴が人間になって登場する理由は、恩返しではなく、「つう」の「与ひょう」に対する愛情です。「つう」は「与ひょう」と二人で幸せな生活をしたい、その唯一の切望のために人間になって登場します。

第三に、木下順二が付加したものは、本書で前に論じた「だましあい」に登場するキツネ役の人物です。この人たちが「運ず」と「惣ど」です。この二人は、「与ひょう」をだまして「つう」に千羽織を織らせて、お金儲けをしようと計画します。

「運ず」と「惣ど」

演劇『夕鶴』は、山本安英の主演で一〇〇〇回以上公演されています（『集』第一巻、二九九頁）。木下順二が『夕鶴』を「婦人公論」に発表したのは一九四九年であり、山本安英を主役とする公演が一〇〇〇回目を迎えたのが一九八四年です（『集』第一巻、三〇〇頁）。

またこの『夕鶴』は團伊玖磨によってオペラ化され、一九五二年から二〇一八年までに八〇〇回以上公演されています（https://www.jof.or.jp/performance/1802_yuzuru/opus.php 二〇一九年四月三〇日閲覧）。ですから『夕鶴』は、戦後直後の時代から今日まで、時代の変化を生き抜いてきたことになります。

前に登場した、だましあうキツネの役は、『夕鶴』では「運ず」と「惣ど」です。このような人物は、昔話『鶴女房』には登場しません。しかし木下順二の『夕鶴』には、このキツネ役が出てきて、ドラマを非常に深みのあるものにしています。

「運ず」と「惣ど」の二人が、お金儲けのためには、平気で人をだますリアルな人物です。わたしたちは、むしろこの二人に、もっとも親近感を持つかもしれません。この二人のような人たちは、現代の偉い人たちの中にも、政治家の中にも、たくさんいるでしょう。

「つう」は、お金儲け第一主義の二人を断固として拒否することによって、現代社会の物欲にまみれたわたしたちに対して、「それでいいのですか」という問いかけをしています。

このドラマの展開は、物欲をもたない親切な善人である「与ひょう」が、次第に、キツネ役の二人に引きずられて変わっていく過程を示します。この過程は、わたしたちの心の中で、日々おこっていることかもしれません。

わからない

「つう」は清らかな「与ひょう」を愛し、二人でつつましく幸せな暮らしをしていました。「つう」は鶴の姿から人間にかわった、一種の、宗教性をおびた鳥の精であり、「与ひょう」の守護者でした。

この「つう」には、正直な「与ひょう」の言葉はわかっても、けがれた俗人になっていく「与ひょう」の言葉がわかりません。

しかし「与ひょう」は、だましあうキツネの世界にひきずりこまれるにしたがって、俗人の価値観にけがれていきます。「与ひょう」は、金儲けがしたいと思いはじめ、「つう」に対して、千羽織を織れと言い出します。この瞬間に、「つう」と「与ひょう」は言葉が通じなくなります。「つう」が叫びます。

「分からない。あんたのいうことがなんにも分からない。さっきの人たちとおんなじだわ。口の動くのが見えるだけ。声が聞こえるだけ。だけど何をいっているんだか……ああ、あんたは、あんたが、とうとうあんたがあの人たちの言葉を、あたしに分からない世界の言葉を話し出した。……ああ、どうしよう。どうしよう。どうしよう」(『集』第一巻、二六頁)。

「つう」は、「与ひょう」との清らかな共同体が崩壊していくことを予感します。「与ひょう」の金袋からお金をだして嘆きます。

「これなんだわ。……みんなこれのためなんだわ。……おかね……おかね……あたしはただ美しい布を見てもらいたくて……それを見て喜んでくれるのが嬉しくて……ただそれだけのために身を細らせて織ってあげたのに……」(『集』第一巻、二九頁)。

キツネ役の俗人としての「運ず」と「惣ど」には、富の象徴と見えるお金ですが、「つう」には、何の価値もありません。むしろ「与ひょう」との共同体を崩壊させる悪魔です。「つう」は、二人の生活が崩れていくことを、運命として受け止め、別れの準備をはじめます。

守られるはずのない約束をする

「つう」は、自分がいなくなったあとも、自分の身代わりが「与ひょう」と共に暮らすように、千羽織を二枚、織ることにします。「与ひょう」の好きなお金のために一枚が売り払われることはさけられないとしても、一枚は「与ひょう」から、決して離れないものとして残すために。「つう」は、別れることが避けられないとしても、愛する「与ひょう」に、最後まで、人間の美しい女性として見られたいと思ったでしょう。だから「つう」は機織りの部屋をのぞかないでほしいというお願いをして、最後の仕事に入ります。

別れなければならないのは、「与ひょう」がけがれたからです。けがれた者に、作業場を見ないでほしいとお願いすることは、むなしいことでしょう。けがれた者が約束を守るはずがありません。約束は破られる運命をもっています。

約束が破られる運命と、約束を守ってほしい願いが、深く矛盾して、ドラマを展開させます。「つう」は、お願いをしても、それが守られないことも悟っており、だから千羽織を二枚織ります。タブーと、タブーが破られる予感との緊張が、舞台と観客の心の中にしみわたります。

俗人になりかけている「与ひょう」は、約束を破り、機織り場をのぞいて鶴を発見します。しかし、木下順二が準備した救いは、「与ひょう」が、鶴と「つう」の関係を理解できないことです。

「与ひょう」は、「つうがおらん」と絶叫し、愛する妻をさがしに外に出ます。「与ひょう」の中で、「つう」は今もなお、人間の美しい女性なのです。舞台にナレーションが流れます。

「与ひょう、与ひょう、どこへ行く、暗い雪の野原を、あてもなく、つうをもとめて。つうよ、つうよ、その声が枯れ枯れになり、やがてしらじらと朝の光が雪の上。昼になっても、つうよ、つうよ」（『集』第一巻、三五頁）。

ドラマの最後になると、はるか上空を、「ヨタヨタと」かろうじて飛んでいる鶴を、子どもたちが発見します。「与ひょう」は茫然として空を見上げ、千羽織を「しっかりつかんだまま立ちつくし、動くことができません。

通じない言葉

木下順二によれば「突然非常な驚愕と狼狽をもって、自分の最愛の夫である与ひょうの言葉に対して、『わからない。あんたのいうことがなんにも分からない。』と叫ぶところがある。このせりふは私にしては自然に、いいかえれば『すうっと』かけた」そうです（『集』第一巻、二八八頁）。

その理由は、木下順二が『夕鶴』を書いたのが「太平洋戦争の始まる直前か始まってすぐの頃」であり、「親しい友人とすら、本当に心を許して話しあうことが」困難になってくる時代だったからではないかと述べています。「だんだん孤独になっていく自分というものを感じていた」そうです。

しかし、孤独感にさいなまれるのは、戦争中に限ったことではありません。現代社会でも、わたしたちは、「あまり出過ぎたことを言うと孤立するのではないか。」「これを言うと冷笑されるのではないか。」このような心配に追いつめられることが、少なくありません。

黙っていた方がいいと思って、静かにうつむいて暮らすこともあります。このような傾向は、近年、むしろ増加してきているかもしれません。

昨日まで友人や恋人だと思っていた人が、突然、遠くにいってしまうような、さびしい絶望感におそわれることもあります。次の友人や恋人をつくったとしても、ふたたび突き放されるだろうと思うことは、こわいことです。ならば、友人も恋人も、安易につくらないほうが賢い生き方だと思うこともあります。

夫婦の場合も同じでしょう。妻からすれば、いつまでも仲良く暮らしていくと思っていた夫が、次第に、別の顔をもっているのではないかと感じることもあります。

このようなとき、夫が適当に弁解しても、妻からすれば、「わからない。あんたのいうことがなんにも分からない」ことになるでしょう。「与ひょう」は欲望にまみれた市場社会にまきこまれ、「つう」を妻ではなく、お金もうけのための道具としか思わなくなります。

さらに悪いことには、実際は、「つう」は命を削ることを請求されています。「つう」からすれば、自分を愛してくれているはずの「与ひょう」が、「つう」に命を削れと命令してきました。それはなぜか、どうしても、ここが理解できません。

この舞台では、「与ひょう」がそのようなことまで要求するほどの価値が、たかがお金もうけに、あるのだろうか。この問いかけが提起されています。

「運ず」と「惣ど」の論理

しかし、お金もうけこそ最も大事だと感じるキツネ役の「運ず」と「惣ど」からすると、むしろ「つう」の考えこそ、理解できないものでしょう。現代のわたしたちも、むしろ「運ず」たちの言葉のほうがわかりやすいかもしれません。

わたしたちは思います。「お金もうけをしなければ、生きていけないでしょ。お金もうけのできるひとは立派な人でしょ。すぐれた人だからお金もうけしたのでしょ。自分の能力を示すためにはお金もうけしかないでしょ。他の人との競争に勝つためにはお金もうけしかないでしょ。」

さらに思います。「うそも方便というでしょ。現代社会で、競争を生き抜くためには、だましあいに勝つしか方法はないでしょ。お金持ちは勝ち組で、貧困者は負け組でしょ。貧困者は努力しなかっただけでしょ。」

このようなギスギスした言葉が、現代の政治を支配することがあります。「政治は勝ち組のためにあるのでしょ。そのどこが悪いのですか。」政治家は、このようなオーラを、発することがあります。このような言葉をきいていると、わずかな時間給で深夜まで働いて、上役にバカにされている自分は一体何だと思えてきます。

政治家の言葉は、時として、お金もうけ第一主義の人にはわかる言葉になり、わたしたちには「わからない」言葉になります。政治家が選挙で叫んでいることも、浮気している夫の弁解のように聞こえることがあります。

そのような言葉は聞きたくもないと思い、投票に行かない人もいるでしょう。投票しない人には、投票しない理由があるのです。

ところが政治家は、投票しない人たちが、自分を積極的に応援しないことを、逆恨みして、この人たちは「政治的無関心だ」と叫ぶことがあります。この人たちに「道徳教育をせよ」とか言うこともあります。しかし、政治家は、わたしたちに雇われているのですから、わたしたちにわかる言葉を見つける努力をする義務があります。そのために莫大な税金で雇っているわけですから。

取り返しのつかないことを取り返す

「与ひょう」が最後のシーンで、鶴を見たとき、この鶴と「つう」の関係に気づいたかどうかわかりません。「つう」が人間の姿でいることができなくなるほど羽を使い切ってしまって、消え去った原因は、「与ひょう」が「つう」に千羽織を織れと請求したからでした。しかし、「与ひょう」がこの因果関係を理解したかどうかは、わかりません。

「与ひょう」は、お金もうけをしようとして「つう」を追い詰めました。つまり「与ひょう」は、愛する妻に対して、取り返しのつかないことをしてしまっています。しかしこのことを最後まで明確には自覚できないかもしれません。「つう」がいなくなったことと、千羽織が残ったことはわかるのですが、両者の関係は、自覚できないかもしれません。

これは、わたしたちの世界でいつも起きていることです。「与ひょう」はわたしたち自身であるとも言えるでしょう。

小さなことでは、他者に、ほとんど無意識で意地悪をして、それが相手を深く傷つけて相手を苦しめることもあります。少し大きなことでは、他者に迷惑をかけることを自覚せずに企業の業績拡大に努力し、結果として大きな罪をつくることもあります。

さらに大きな問題になると、政治というものは、いつでもこのような問題に直面しています。国全体のために、何か善意の目的をもって行う政策でも、特定の人たちや、特定の地域に、取り返しのつかない迷惑をかけることもあります。

政府の政策として国際社会の発展のためという善意があったとしても、結果的に他国に対して、取り返しのつかない迷惑をかけることもあります。このような、取り返しのつかないことを取り返そうとすることがドラマの根底にあると、木下順二は考えています（『集』第八巻、三〇七頁）。

政治は直接的には、政府の行いであることが多いでしょう。その行いが、国内の人びとに、あるいは外国の人びとに、大きな迷惑を与えたとき、わたしたちは、加害者なのかどうか。この問題は、「与ひょう」の心理のように、漠然とした不安として、わたしたちを、くりかえしおそってきます。

「与ひょう」は、愛する妻の喪失、つまり自分の過去の喪失におそわれ、この苦しみから逃れることはできないかもしれません。この点を「与ひょう」が、千羽織を握りしめながら、くりかえし感じていくなら、問題解決への道が発見されるかもしれません。

しかし、もしわたしたちが「運ず」的な人格になり、そもそも問題などなかったと思うなら、もちろん問題解決への道の発見はないでしょうし、その結果として「つう」の悲劇はくりかえされることになるでしょう。

「つう」の宗教性

内田義彦は森有正との対談の中で、木下順二の『夕鶴』に登場する「つう」は「典型」であると述べています。しかしこの典型は通常の意味での典型ではないそうです。

内田によれば、通常の意味での典型は「そういう人物がその時代にたくさんいた」という意味ですが、「つう」が典型であると言うときの典型は、マックス・ウェーバーの『プロテスタンティズムの倫理と資本主義の精神』の中で使われている言葉だそうです。

その典型の例として内田があげている人は、宗教改革を行った重要な宗教者の一人であるカルヴァンです。そのうえで内田は述べます（『内田義彦著作集』第七巻、岩波書店、一九八九年、四六頁。以下『著作集』と略）。

「日常の世界での多数派」に「つう」は「とりかこまれながら、それに抗して一つの世界を創っている。われわれは絶対に「つう」のようにはなれない。しかし『夕鶴』に接するとそうなるのが本当であるというか、心がそっちの方へ向いてゆく。自分たちと切れている、自分はそういう存在ではないということを感得すればするだけそちらの方へ心が現実にひかれてゆく。こういう典型の創造がいま必要なわけだ。」「自分はそうはなれないと思えば思うだけ心がそちらに向かって動いてゆく」（『著作集』第七巻、四六～四七頁）。

「つう」は、カルヴァンに例えられているところから、二つのことがわかるように思われます。まず、「つう」が宗教的な性格をもっていると理解されていることです。

つぎに、カルヴァンは男性でしたから、内田の見る「つう」は女性というより、性別に無関係の人格とされているということです。ですから「与ひょう」と「つう」の関係は、男性と女性の関係とは理解されていないようです。

二人の関係は、俗世間の金銭欲にまみれていく人間である「与ひょう」と、それを理解できずに、相互に愛しあう関係を維持するためにならば、自己犠牲すら拒否しない人間である「つう」との関係として描かれています（『著作集』第七巻、四七頁）。

森有正によれば、『夕鶴』は、「パルテノンのような法隆寺のような」歴史を生き抜いてきたものと同じ存在であり「永久に変わらない劇」と言われています（『著作集』第七巻、三九頁）。

森は、どのような本を読んでも、あるいはどのような演劇をみても「つまらないものはどんどん消えてしまう」のだが「『夕鶴』は忘れないし、人間の記憶のなかの世界におけるひとつのモニュメントとして残っている」と感じています。

その意味で『夕鶴』は、森の「心のなかの美術館」に、しっかりと置かれているようです。しかもそのモニュメントの意味は、法隆寺などにたとえられているように、単に時代をこえるだけでなく、その奥に宗教性を秘めたものと思われています。

「何が『夕鶴』の美しさなんだろう」と問いかけても、それは、どうしてもわからないものであり、しかも、その美しさを、永遠に忘れることのできないものと思われています。森は、普通の人間の世界を超越する何かの価値を、つまり宗教的な何かを、強く感じているようです。

森有正は一九一一年に誕生し、内田義彦は一九一三年に生まれています。日本とアメリカ合衆国との戦争が開始される一九四一年には、森は三〇歳であり、内田は二八歳です。

戦争中に青年時代をすごした二人にとって、周囲は、まさに木下順二が述べたように、自分の家族ですら「与ひょう」のように、理解できない言葉を話す時代であったかもしれません。

森有正や内田義彦は、そのような時代に「抗して」自分らしく生きていくことに、ひそかにあこがれたとも思われます。それが困難であればあるほど、『夕鶴』の「つう」は、自分の奥底で、そうなりたいと願っていた存在かもしれません。

そこで「つう」が、どこか宗教性をおびた人に見えてきたかもしれません。ところが、現代においても、わたしたちが、自分の生きる時代と、自分が、調和できないと感じるときがあります。

現代社会と自分のズレを、くりかえし感じて、時代に流されずに自分らしく生きるためにはどうすれば良いのか、この問題につきあたるとき、「つう」は、自分はそうなれなくとも、そうなりたいとあこがれる存在になるかもしれません。

「与ひょう」の暴力性

内田と森の議論では『夕鶴』における二人の性別は問題ではありませんでした。重要なことは、人間として世間の金銭欲に対してどのように関係するかという問題でした。

しかし、ここでは、男性と女性の問題として考えなおしてみましょう。すると夫である「与ひょう」が妻である「つう」にしたことは、実は、家庭内暴力であることがわかります。「与ひょう」は、千羽織を自分で作るわけではありません。妻を働かせて、自分がお金もうけをしようと考えます。しかも妻が、もう織れないと拒否しても、織ることを強制し、織らないなら、今風に言えば、離婚すると脅します。これは、立派な家庭内暴力です。

この観点からみるなら、「つう」は、「与ひょう」の態度が自分を「モノ」あつかいするものであると抗議してもおかしくなかったでしょう。しかし「つう」は、夫の愛情を引き留めるために、最後の織物を織ります。これは、男の暴力を許すことになり、あまり勧められた行為ではありません。

「つう」の出した条件は、自分が織る部屋をのぞくなという約束だけです。たしかに、これは、家庭の中で自分の居場所をあたえられない女性にとって重要な問題です。夫が自分の書斎をもっているなら、妻も自分の部屋をもつことが必要です。

会社の中でも、男性の上役からいつも監視されている女性は、自分の仕事部屋をほしいと思うのは当然です。現代社会では、人権の重要な部分はプライバシーにあります。「つう」はこの最低限の権利を要求したとも思われます。しかし、この権利も、実際にはありませんでした。

内田義彦や森有正が、ずいぶん美化する『夕鶴』ですが、女性の観点から見れば、決してほめられたものではありません。内田のいう「つう」典型論も、自己犠牲を美化する内容をもっています。二人とも、戦後社会科学における重要な研究者ですが、二人の『夕鶴』理解には、このような問題点が含まれています。

4 やわらかな宗教意識

昔話には、しっかりした親切心や愛情や勇気などを持っている人は、何か超越的な力が助けてくれるというような内容のものがあります。

その場合、主人公は特に真剣な仏教徒でもありませんし、熱心な神道の信仰者でもなく、キリスト教の信者でもありません。

主人公の持っている気持は、なんとなく宗教的でスピリチュアルなものです。その意味でやわらかな宗教意識です。

貧しい人であれ、誰にでも親切にしておれば、お天とうさまが助けてくれると思う昔話（「大歳の客」と「宝手ぬぐい」）もあります。

自分が、例えば大変な危機になったとき、神様でも仏様でも、おてんとうさまでも、時には全部一緒でも、何でもいいのですが、超越者にすがる話（「鬼と三人兄弟」）もあります。

子どもが危機に陥ったとき、子どもを助けようとする親の必死な愛に対しては、きっと、誰か超越者が助けてくれる（「手無し娘」）という、やわらかな信仰を示す話もあります。

やわらかな宗教意識は、現代のアニメなどにも継承されています。わたしたちがほんとうに困ったときは、きっと、どこからともなく超越者（「アンパンマン」や「トトロ」）が飛んできて助けてくれるというアニメは、子どもたちから絶大な支持を得ています。

その他の映画などもあるとは思いますが、今もなお、やわらかな宗教意識は生きているように思われます。

そこで「大歳の客」、『宝手ぬぐい』、「鬼と三人兄弟」、「手無し娘」、「アンパンマン」、「となりのトトロ」の順に見ていきましょう。

① 大歳の客

この話では、大金持ちの「東長者」と、貧しい西の「爺さん婆さん」がいるのですが、人々に社会倫理を守らせるための「お天とうの神様」が登場します（引用は『大成五巻』八～一五頁より）。年末になると、

「お天とうの神様が人の心見に降りて来られるのです。神様は貧しい飯もらい坊主の姿になって、まず

東長者の家へ行って『まことにすまないことであるが、行き先がないから宿を貸してくれ』という。東長者は『師走の二九日の歳の夜を知らぬか。ぐずぐずいうと骨打ち折って取らせるぞ』という。『そんならよろしい――』。」

このように述べて、飯もらい坊主は、今度は、西の「爺さん婆さん」を訪問し、同じお願いをします。「爺さん婆さん」は、もちろん、このみすぼらしい訪問者が「神さま」であることは知らないのですが、なけなしの食料である粟のお粥で、こころからもてなします。お爺さんたちは、報酬や返礼をまったく期待することなく、貧しくて困った人の苦しみに共感して、自分たちの食料を分かちあいました。

お婆さんは、飯もらい坊主の言うとおりに、水を沸かしたり、釜をあらったりすると、多くのごちそうが登場して、三人で賑やかな年の瀬を祝います。よく朝、坊主は、お爺さんたちに、宝と若さのうちのひとつを選択させます。二人は若さをえらび、一八歳前後の青年になります。

これを知った「東長者」は、「坊主」に懇願して、自分の家に来てもらい、自分にもご利益を提供するように請求します。

西の「爺さん婆さん」は、飯もらい坊主が、単なる貧者であるとおもっていました。何らかの報酬を期待して、もてなしたのではなく、貧者への共感から行動しました。これに対して、「東長

者」は、相手が報酬をくれることを知り、これを目的として接待します。飯もらい坊主は、

「『いかがじゃ東長者、これほどの財産、もう何の不足もないではないか』という。東長者は『有るからこそさらに有らしめたい。もっとくれてだほれ』という。『そんなら銭金は不足なかろうから、元の若さにしてあげよう』。坊主は、そういって、」

「東長者」の夫婦や子どもを風呂に入れて、夫婦を猿に変え、子どもを犬に変えます。

この話は、ややグロテスクな感じもしますが、目に見えない神様が、実はいるのだということを言うものでしょう。これは全国的にも一九の類似する話が確認されています。

②宝手ぬぐい

超越的な力に対する宗教的な話としては、次のような「宝手ぬぐい」としてまとめられているものもあります。これは全国で同類の話が一三採集されています（引用は『大成五巻』一五～一九頁より）。

あるところに女主人と「女中」（現代ではこのような言葉をつかってはいけませんが）さんがいました。そこにひとりのみすぼらしい「ハッチ（乞食）」が来ます。女主人は「機を織っていたが、やかましがって、何もやらずに追いとばした。そこの女中がそれを気の毒に思って」、主人には内緒で、

「ホッケ（握り飯）を一つ持っていってくれた。ハッチはたいそうありがたがって、お礼に手ぬぐいを一筋くれた。翌朝女中がその手ぬぐいで顔をふくと、きたない物をぬぐって取るように、顔がきれいになった。」

女主人は、この話をきいて「昨日のホーシャ（乞食）さんなりゃア、私があぐるとじゃったもねェ」といって悔しがります。その後、幾日かして、また前のハッチが通りかかります。女主人は、

「今度こそは自分が何かよい物をもらおうと思って、たいそう丁寧にもてなして、いろいろのものをたくさんやった。物乞いは繻子《しゅす》の帯を一本お礼にやって立ち去った。」

女主人は、何かよい帯であろうと思ってさっそく締めると、その帯は、クロタ（黒い蛇）に変わります。

この話は、親切心をもっておれば、きっと超越的な力が、助けてくれるという、どことなく信仰のような宗教的性質をもっています。

この種の昔話は、関敬吾によって、この他にもいくつかのグループとして採集されています。例えば「弘法機」の類話（『大成五巻』一九〜二二頁）、「欲の深い兄」の類話（『大成五巻』二二一〜三〇頁）などです。

③鬼と三人兄弟

この話は、人間を食い殺す鬼と、それに抵抗する子どもたちの戦いで、超越的な力を呼び出すものです。

関敬吾によって「鬼と三人兄弟」としてまとめられている話は、全国で採集されています。採集された話は、それぞれ微妙に違うところはありますが、鬼と子どもの戦い、という点ではおなじです。

採集された数は、九〇以上にのぼりますが、いずれも、留守番をしている子どもたちを鬼がおそいます。鬼が、まず子どもを食い殺す話もありますが、多くの話では、鬼が、外出している両親を食べるところからはじまります（引用は『大成六巻』二二六〜二五〇頁より）。

鬼は母親のふりをして、子どもたちの家を訪問します。子どもたちの人数は一定していませんが、三人の場合が多いようです。子どもたちの中で、もっとも鋭いのは、最年少の子どもです。この子が、お母さんが台所の使い方を知らないことを発見し、今日のお母さんはおかしいと思いはじめます。

母親になった鬼は、三人の子どもと一緒に寝ます。鬼は最年少の子どもを、一番近くに寝せて、この子どもから食べようとしますので、もっとも幼い子どもの、母親への疑いは、確信にかわります。

知恵と勇気

一番下の子どもは、どのようにして逃げるか考案し、トイレに行きたいと言いだし、トイレは兄弟三人そろっていくものだと主張して、三人で、屋外のトイレに行きます。

鬼の母親は、三人を縄でつないで逃げるのを防止しようとしますが、子どもたちは、縄をほどいてトイレの柱にくくりつけることを思いつき、家を逃げ出します。

鬼はすぐに追いかけて、子どもたちは食べられそうになりますが、木に登って難をのがれます。鬼は知的な欠陥をもっているように設定されており、木登りの方法がわかりません。母親の声をつかって、子どもたちに対して、木登りの方法を教えてくれと言います。

子どもたちは、三番目の弟が、お尻からのぼるのだと言って鬼をだまし、鬼の木登りを失敗させます。二番目の弟も、腹からのぼるのだと教えて、ふたたび鬼の木登りを防ぎます。しかし長男が、頭からのぼるのだと述べて、とうとう、鬼が木を登ってきます。

宗教的な願い

子どもたちは、おいつめられて、超越者に助けをもとめます。もとめる相手は、話によってちがっています。「おてんとうさま」であったり、「神様」であったり、「仏様」であったりして、はっきりしません。しかし、何かの超越的な力を呼び出そうとすることは、はっきりしています。例えば、

「おてんとうさま、おてんとうさま、私たち三人がかわいいなら、絹綱、まゆ綱をおろしてください。私たち三人がかわいくないなら、灰綱をおろしてください。」

このように祈りますと、「天」から絹綱、まゆ綱がおりてきて、子どもたちは、それをのぼって、逃れようとします。しかし鬼も負けてはおらず、祈りの言葉をまねして、同じように述べるのですが、鬼の上に降りてくるのは灰綱です。鬼がこれをのぼろうとすると灰はくずれます。

鬼は、すすきの上に転落し、すすきに突き刺さって死ぬことになり、子どもたちは、鬼の腹を裂いて、母親と父親を助け出します。

④手無し娘

「手無し娘」に類するものは全国で三五話が確認されています（引用は『大成五巻』一五六〜一七三頁より）。筆者の方で仮の地名をいれて説明しますと、まず大阪の家庭での、できごとです。ある家で、一人娘をのこして母が逝去します。その後の継母が、この娘を「憎くていつも殺したい」と思い、使用人に、山奥で殺してくるように命令します。

使用人は、あまりにもかわいそうだと思って、森の中で両腕を切り落として、殺したことにして帰ってきます。手のなくなった娘は、浮浪の生活をするのですが、ある日、京都の日野屋という商店のまえに来ます。娘は、

「『ここァは京の日野屋だなァ、へば（そんなら）ここの若旦那とおれ（私）とは、いいなずけ（許嫁）だが、こんなになってはどうすることもできない』と独り言をいっていた。」

これを聞いた使用人が、若旦那に報告し、若旦那は事情をきき、ここの「おがだ（女房）」として迎え入れます。

その後、若旦那が仕事で神戸にいっている間に「玉のような男の子」が生まれます。両親は大

変によろこび、若旦那に早く帰ってくるように手紙をかいて使用人にもたせてやります。

ところが使用人が気をまわし、大阪の奥様の実家に報告して、神戸にいくことにします。大阪で継母の接待を受けている最中に、手紙をすり替えられます。継母の書いた手紙には、「猿だだか鬼だだかわからないおぼこ（子ども）が生まれだしけァ、投げべか（捨てようか）」と書かれていました。

これを読んだ若旦那は「鬼でも猿でもよい、おれの子だから帰るまで大事にして、どこへも出してはならぬ」と返事をかきます。しかし使用人は、帰路ふたたび、大阪の実家でご馳走になろうとして、継母を訪ねます。ここでまた、手紙をすりかえられ、「鬼や猿の子はおれの子でないから親もろとも投げてしまれ（しまえ）」という文面をもって帰ります。

両親は、大変に苦しみますが、息子からの手紙であるので、嫁と孫もろとも追い出してしまいます。

愛情と宗教意識

手のない母は子どもを背負って泣く泣く家をでて、あてもなく歩きます。途中で「神様を拝んで、切られてなくなった手の出るように祈」ります。やがて大きな岩の上にでます。

「おぼこも乳を欲しがるし、自分ものどが乾くので静かに川へ下りて、水を飲もうとした。その拍子に子供が背中から抜けて川へ落ちべとした。姉様はびくたがておぼこを取ちゃべとした（とりおさえようとした）。精いっぱいの力が両腕にこもったそのはずみに、双方の手がぴょうっと出た。」

京都に帰った若旦那は、事態を知って驚き、継母のしわざであることもわかります。若旦那は妻子をたずねて旅に出ます。三年もたつころ、ある寺で、男の子が遊んでいるのを見つけます。母子二人はお寺で世話になり、子どもは四歳になっていました。子どもは直観的に「お父様」と呼び、母親も事情がわかって親子三人で家にかえります。

女性は、手を切られるという犯罪にあい、手紙をすり替えられるという意地悪にあいますが、子どもへの強い愛情があったので、超越者が守ってくださったのではないかという、やわらかな宗教性が、この話には込められています。

⑤やなせたかし「アンパンマン」

やなせたかしの「アンパンマン」は非常に単純ですが、困ったときは、かならず飛んできてくれて助けてくれるという、やわらかな宗教意識でなりたったお話だと思います。子どもたちには、多くのファンがいます。

作家のやなせたかしは、多くの出版事業を経験して「アンパンマン」の物語を一九八九年に作成しています。このとき、作者は六九歳です。テレビ局も人気は出ないだろうと思いながら放映したそうですが、最初から人気はよかったようです。

作者は、人気の理由はわからないといいます（やなせたかし『アンパンマンの遺書』岩波書店、二〇一三年、二三〇～二五七頁。以下『遺書』と略）。しかし、アンパンマンと昔話と結合してみると、伝統的なやわらかな宗教意識を継承していることがわかります。おてんとうさまの、現代版ということもできるでしょう。

アンパンマンは、その後、幼児向け雑誌で連載されるようになり人気が定着します。一九九〇年には絵本の販売が一〇〇〇万部を超えます。七〇歳から人気作家になった、やなせたかしは、テレビ・アニメのテーマソングを自分で作詞しています。

なんのために生まれて
なんのために生きるのか
わからないままおわる
そんなのはいやだ　（『遺書』、二五五頁）

アンパンマンの話は、実にシンプルですが、やなせたかしの問いかけは、実に深刻で、実存的なものです。これは、アンパンマンに救済される側ではなく、アンパンマンの側の歌であることがわかります。

やなせたかしの作品には、救済を祈る人の、やわらかな宗教意識と、救済する人の宗教意識が、かさなって登場しているのでしょう。子どもたちは、救済される側にもなりたいし、する側にもなりたいと思うのかもしれません。

キンダーおはなし絵本『アンパンマン』

アンパンマンの絵本はたくさんありますが、一つを紹介します。

ひろい　さばくの／　まんなかで／　ひとりのたびびとが／　おなかがすいて
いまにもしにそうに／　なっていました。
そのとき／　にしのそらから／　おおきなとりの／　ようなものが
ちかづいてくるのが／　みえました。

旅人は、絵本では大人です。しかし、読者は子どもであれ大人であれ、男性であれ女性であれ、旅人に自己同定することができます。おなかがすいているとされていますが、この空腹は、そのほかの精神的苦しみにおきかえることもできます。その意味で、きわめて象徴主義的な表現です。旅人が、もしキリスト教の信者であるなら、「詩編」を読み、「助けをよぶ自分の声を、主よ、おききください」、と真剣に祈るところかもしれません。

絵本では、困った旅人のはるか遠方に、豆粒のように見えるものがあります。これがアンパンマンです。もちろん、読者は、これが現実にあるとは思わないでしょう。にもかかわらず、子どもも大人も、こうあってほしいと願います。

やなせたかしは、キリスト教の信者ではないでしょう。しかし、このたったひとつのシーンですら、やわらかな宗教意識であるスピリチュアリティを示しています（やなせたかし、キンダーおはなし絵本『アンパンマン』、フレーベル館、二〇一八年、二～三頁）。

アンパンマンは、迷っている子どもを、突然、救済にきます。たとえば、

もりのなかでは／　ひとりのこどもが
おなかをすかして／　ないていました。
きれいなちょうちょを／　おいかけているうちに
みちに／　まよってしまったのです。
だんだんあたりは／　くらくなってきます。
おなかはすくし／　おそろしいし

こどもはとうとう／　なきだして／　しまいました。
そのとき／　アンパンマンが
ひらりと／　とりのように／　おりてきました（同書、一二～一七頁）。

　このシーンも同じでしょう。読者は、自分が迷える子どもだと思うことができます。子どもも大人も、人間関係がうまくいかないで打開の道が発見できないとき、社会で生きていく道が見えないとき、絵本の子どものような心理になるでしょう。

　そのとき、超越的な救済者に助けてほしいと思います。そう思うことによって落ち着きを取り戻すでしょう。アンパンマンは、このような心のケアをしてくれます。

父母ではなくアンパンマン

のちに述べる芥川龍之介の『トロッコ』の少年ならば、見知らぬ遠方まできてしまって大きな不安に陥ったとき、ひたすら父母のところに帰ろうと思い、イエにたどりついて泣き崩れます。しかし、やなせたかしは、父母を登場させません。

　イエ制度は氏神の制度と結合しており、宗教性をもっていました。しかし、やなせたかしは、父母もイエも先祖も氏神も登場させません。不思議な超越者で、いるはずもないアンパンマンという存在を持ち出しました。

やなせたかしは、もちろん宗教教団をつくろうなどと思ったことはないでしょう。本人は、ただの絵本だと思っています。しかし、迷った子どもが、あるいは大人が、救済を求めるべき対象が、イエではなくなっていることは、宗教意識の変化を示します。

アンパンマンという、いるはずのない不思議な超越者を、子どもも、大人も、孤独におちいったとき、呼び出そうとします。ここには、昔話以来の、個人主義的な、やわらかな宗教意識が生きているということができるでしょう。

昔話の個人主義と述べましたが、実は昔話が個人主義的なものであることは、本書の全体で述べます。イエ制度が明治政府によって教育されたときも、昔話のレベルでは、個人主義であったかもしれません。この点は、専門家の研究を待たなければなりませんが。

⑥宮崎駿『となりのトトロ』

宮崎駿監督による『となりのトトロ』は、一九八八年に映画として公開されています。二〇〇一年にDVDが制作販売されました（宮崎駿『となりのトトロ』スタジオジブリ、ウォルト・ディズニー・スタジオ・ジャパン、DVD、二〇一四年。本書の引用は、すべてこのDVDによります）。

この映画の中心的な役割をになうトトロとネコバスは、何かの宗教団体のご神体として登場するわけではありません。この俗世界で、存在が確認されているものでもありません。

しかし、わたしたちは、山々の大きな森林のなかを、木漏れ日をあびながら歩いてみますと、大気すら違ってきているように感じ、どうしてだろうと思います。

豊かな植物や動物や昆虫などの世界は、わたしたちが想像もできないような大きな力で支えられているように感じるときがあります。

こう思うとき、わたしたちは、トトロのような、超自然的な力に会えるかもしれないという気分になります。

わたしたちが、通常の知性では追いつかない世界を思いえがきますと、この思いは、そこはかとない宗教意識をおびるスピリチュアルなものになります。本書で言うところの、やわらかな宗教意識です。

『となりのトトロ』も、昔話の「手無し娘」のときのように、こころから願えば、その願いは、かなうのではないかという気持、つまり、やわらかな宗教意識を基礎にしたアニメ映画ということができるでしょう。

ですから、わたしたちがトトロの映画をみるとき、いつかこんなことがあってもいいような、そんな気になるのかもしれません。

「手無し娘」のもっていた強い愛情が、『となりのトトロ』では、子どもたちの、お互いと、母を思う気持になっています。まだ四歳の妹と一二歳の姉が、お互いを思いあい、母を慕う、豊かな愛情をもっています。この愛情が、突如としてトトロを呼び出し、姉妹は危機を脱出します。

子どもの共感と愛情

このことについて、ストーリーを少し復習しながら考えてみます。四歳の妹がメイちゃんで、一二歳の姉がサツキちゃんです。お父さんが草壁タツオで、お母さんが靖子です。やさしい家族のようです。お母さんの病気をなおす病院が田舎にしかないからという理由で、山里に引っ越してきます。

ここで、メイとサツキは、不思議なオバケたちと出会います。家の中ではマックロクロスケに出会ってよろこびます。庭では白いオバケをみつけて一緒にあそぼうとします。メイがオバケについていきますと、森の奥ふかくで、大きなトトロと出会います。

トトロは大きくてふわふわです。メイはおなかの上にのって、ふわふわ感を楽しみます。姉妹は、雨の日の夕方おそく、バス停でトトロと出会い、トトロからお土産の木の実をもらって庭に植えます。ある晩、夢かまことか、わからないのですが、トトロと二人は、コマにのって空をとんだり、オカリナを楽しんだりします。

事件がおきるのが夏の日です。お母さんの容態がわるいという電報がきたことを、二人が聞きます。メイはどうしてもお母さんに会いたくなります。トウモロコシをもって駆け出し、迷子になります。多くの村人がメイを捜しますが、みつかりません。

困りはてたサツキはトトロに助けを求めます。サツキの願いはトトロにとどき、ネコバスを呼んでくれます。サツキをのせたネコバスは空を飛び、メイを探し出し、二人を、お母さんの病院に運びます。

二人はお母さんの無事を見て安心し、ネコバスで家に帰り、村人と合流します。こうして、トトロのもっている超自然的な能力がいかんなく発揮されます。まさに幼い二人の愛情がトトロをうごかします。

もちろんトトロもネコバスも、実在しないものが実在するのですから、一種の奇跡であり、宗教的な内容でしょう。しかし、ここには、神も仏もキリストも登場しません。

いかなる宗教団体とも関係なく、いかなる宗教教義とも関係なく、しかし宗教的な気分をもっています。この伝統は、昔話の、やわからな宗教意識を継承しているといえるでしょう。

トトロは、強く願えば来てくれるかもしれませんが、いつでも、人とともに、必ずいる守護者ではありません。

次に扱う「守護シンボル」は、はるか遠方の存在ではありません。むしろ、一緒に生活するペットの犬であったり、ドラえもんであったり、ポケモンであったりします。

5 守護シンボル

前の、やわらかな宗教性のある話の場合には、人が善良であることによって、あるいは愛情深くあることによって、いつのまにか奇跡がおきます。

この宗教意識の場合は、目に見えない超越者が、突然、どこからか登場してきて救済してくれます。これを、はるか遠方を見ている「やわらかな宗教意識」だとすると、超越者が、もっと身近な存在として、人によりそう話もあります。この話を「守護シンボル」の型と考えてみます。

前に出てきたトトロのばあいは、「やわらかな宗教意識」と「守護シンボル」の中間くらいの位置にあるかもしれませんが、ペットの犬ほど明確に、自分のそばで存在するわけではありませんので、どちらかといえば「やわらかな宗教意識」の方が強いでしょう。

この章で問題にする「守護シンボル」は、さらに宗教性を希薄にしたものです。しかし、超自然的な現象を起こしますので、やはり宗教的性格をもっています。

例えば、昔話では、正直お爺さんに対して、白い犬が、鹿の狩猟を手伝います。しかし、その犬は、殺されて木になっても、正直お爺さんを助けます。さらに、木が燃やされて灰になっても、正直お爺さんを守ります。犬が木になり灰になってもお爺さんを守る話です。

このように、いつもそばにいて自分をまもってくれる存在は、わたしたちにとって、現世利益をもたらし、ありがたいものです。

この種の昔話は多くありますが、ここでは「雁取り爺」をとりあげます。さらに現代のアニメなどでは、ドラえもんとポケモンを取り上げます。

ドラえもんは、のび太君とみんなの守護シンボルであり、ポケモンは、各個人の守護シンボルでしょう。この守護シンボルの特徴は、明確に、個人の身体の外に存在することです。

もし、この守護シンボルが、人の中に入れば、その人は、自分を信じることになります。自信のある独立心のある人になります。この独立心のある個人については、のちに考えます。

①雁取り爺

まず二人のお爺さんが登場します（引用は『大成四巻』一五三〜一七一頁より）。二人は、ある川の上流と下流に住んでいます。上流にすむ上田おうじも、下流に住む下田おうじも、いずれも、川に簗《やな》をつくって魚をとって暮らしていました。

下田おうじの簗には「雑魚《ざこ》」がかかりましたが、上田おうじの簗には木の根っこばかりかかりました。

そこで上田おうじは「ごせ焼いて（はらをたてて）」木の根っこを、下田おうじの方に投げていました。しかし、下田おうじは、木の根でも乾かして割れば薪になるとおもって、これを持って帰って、薪にしていました。

ところが、ある日、下田おうじが木の根を割っていると、その「中から、白い犬こ一匹生まれてきた」といいます。下田おうじのお爺さんとお婆さんは、大切に育てます。すると白い犬は、

「だんだんに大けぐなったけど。あるずき、犬こは、爺様爺様、山さ鹿《しし》とりにえあでございといったど。」「したば婆様、握り飯握ったり漬物包んだりして支度し、爺様草履《わらじ》履いたり」「鉞《まさかり》（大きなおの）だの槌《つち》（ハンマー）だの入れて背負ったずな。」


犬はお爺さんを思いやり、鉞などの道具も、お爺さん本人も、犬の背中にのせて、山に行きました。山では、「鹿だもやもやと出はってきたけど。爺様と犬こと二人で一背負いずつ鹿とってきたど。」

お爺さん（下田おうじ）とお婆さんは、鹿汁をつくって食べることにしました。ちょうど食事ができたころ、「隣の根性きたなしうばこ（婆）ぁ」が、火をもらいにきますが、鹿汁を発見して、ご馳

走になり、鹿をとってきた由来をききます。そこで、自分たち夫婦も鹿をほしいと思いました。
「そこで根性きたなしうばこぁ、おら家の爺も山さ鹿とりに行くずあはんて、犬こ貸して下さい」
と言って、犬を借りて帰ります。

ところがこの隣のお爺さん（上田おうじ）とお婆さんは、鉞や槌をはじめ荷物を全部、犬に乗せました。お爺さんは、犬が乗れとも言わないのに、犬に乗り「早く歩け早く歩けといじめながら山さ行った」といいます。

山につくと、犬は蜂をよびます。上田おうじは、多くの蜂にさされ、犬を「あまりあえらしくない（憎い）からぶち殺して、こめの木（ミツバウツギ）の下さいげて」帰ってきます。おどろいた下田おうじは、山にのぼりますと、

「こめの木へ美しく花が咲いていだけど、木を伐ってその家さ持ってきたずな。そして座敷さ飾っておくと銭だのかねだの米だの、ざくざくざくと落ちるけさど。夫婦は、喜んで米の飯炊いて肴をあせて（そえて）食っていると、また隣の根性きたなしうばこは」

火を借りに来て、この食事を発見して、その由来をききます。そこで、その木を借りて帰って、「ためになるものあ降れ」といって木を振り回します。その結果、牛の糞や馬の糞などが、家じゅうに降ってきます。怒った夫婦は、この木をもやしてしまいます。

下田おうじは、ふたたび驚き、この木をもやした灰をもらって帰ります。あるとき、空を雁が群れをなして飛んできました。お爺さんが、屋根にのぼり、この灰をなげると雁の眼に入り、雁がたくさんとれたので、雁汁を食べました。

これを知った上田おうじは、同じように、屋根にのぼり、雁めがけて灰をまきますが、この灰は本人の眼にはいって、本人が屋根から落ちます。下では「根性きたなしうばこぁ」が、雁の降ってくるのを待っていました。お爺さんと雁の区別がつかず、お爺さんを雁と間違え、槌で殺し、雁汁とおもって、「爺を煮て食った」そうです。

守護シンボルの特徴

この話は、道徳的な人のありかたを示すものですが、そのために守護者として、白い犬を登場させています。

守護者は、最初は犬として登場し、次には木に姿を変えて登場し、最後には灰になって登場します。自由に姿を変える不思議な存在です。

最初の犬の段階のときは、正直な夫婦には鹿を提供します。意地悪な夫婦には蜂にさされるように仕向けます。そこで意地悪な夫婦は、犬を殺してしまいます。

次の段階には、守護者は、犬の埋められたところで、美しい花の咲く「こめの木」に変身しています。正直な夫婦は「こめの木」を伐ってきて、座敷に飾りますと、この木から、お金や米などが、ザクザクとふってきます。

意地悪な夫婦が、この木を借りてふりまわしますと、牛の糞などが家じゅうにふってきます。夫婦は怒って、この木をもやしてしまいます。

最後の段階には、守護者は、木を燃やしたあとの灰として登場します。正直な夫婦は、灰をもらってかえります。正直なお爺さんはこの灰で雁を捕らえ、夫婦は雁汁を食べることができました。

意地悪な夫婦は、この灰をもらって、雁をとろうとしますが、灰はお爺さんの眼に入り、お爺さんは屋根から転落します。お婆さんは、お爺さんを雁と思って、殺して食べるという、壮絶な話です。

前に出てきた、例えば「宝手ぬぐい」などの話では、神様が直接、登場します。あるいは「手無し娘」の場合でも、非常に強い愛情があれば、突然、その願いが、かなうことになっています。このような話の系譜は、現代のアニメなどでは、アンパンマンや、トトロなどとして楽しまれています。

しかし、ここで出てくる「雁取り爺」では、神様のような言葉があるわけではありません。その代わりに、守護シンボルとして白い犬が登場します。この犬こそが、隣人が、どのような意地悪をしても、正直な夫婦のそばにいて、夫婦を守ります。

このような話の流れでは、現代のアニメなどでは、新しい守護シンボルとして、例えばドラえもんやポケモンなどがあります。ドラえもんは、のび太君たちに、常に寄り添って、守護者としての役割を果たします。ドラえもんの映画版になりますと、ドラえもんは、のび太君だけでなく、その仲間の守護者としての役割を果たします。

ドラえもんは一人しかいません。だれもが持つことはできません。そこで、ドラえもんを、誰もが持つことができるように分割したのが、ポケモンだと考えることもできるでしょう。この意味で「雁取り爺」の守護者の話は、現代のアニメの中にも流れ込んでいます。

ここで取り上げた「雁取り爺」と同じテーマを扱う「花咲爺」(『大成四巻』二〇七~二二八頁)や「鼠の餅つき」(『大成四巻』一一六~一四九頁)などは、非常に多く採集されています。灰で花を咲かせる「花咲爺」は全国で六七話が確認されていますし、おむすびコロリンで親しまれている「鼠の餅つき」は、一五五話が採集されています。

②ドラえもん

ドラえもんが、多くの子どもたちに愛されてきたことは多言を要しないでしょう。お茶の間でドラえもんを楽しんだ記憶は、多くの人にあるでしょう。

ドラえもんの特徴は、何か精神的な苦しみを打開するための解釈のしかたを教えてくれるわけではありません。

悪いことをやった人を、ドラえもんが懲らしめてくれることが、お話の中心的な内容をしているわけでもありません。

ドラえもんの一番得意とすることは、のび太君をはじめとする子どもたちに、冒険や遊びのための「ひみつ道具」を、即座にだしてくれるところにあります。昔話で、お爺さんに対して、白い犬が、雁汁をはじめお金や米を出してくれたのと同じです。

お爺さんにとって、お金やお米が必要なものであったように、子どもたちには冒険の道具や遊びの道具が必要でしょう。ですから、お爺さんにとっての白い犬が、現代の子どもたちには、ドラえもんとして登場しています。ドラえもんは、まさに現代の守護シンボルとなっています。

『映画ドラえもん・新・のび太と鉄人兵団』

ドラえもんのたくさんあるテレビマンガや映画のなかで、ここでは一つだけ例をだしてみます。どの映画も、基本は同じだと思いますが、この映画も、ドラえもんの道具の援助で、子どもたちが悪い人たちとたたかうというものです。

藤子・F・不二夫『映画ドラえもん・新・のび太と鉄人兵団（はばたけ天使たち）』（小学館、DVD、二〇一一年。引用は、すべてこのDVDからです。）を見てみましょう。テレビ・アニメのドラえもんでは、子どもたちの紛争が起きる場合がおおいのですが、映画版では、子どもたちが協力して、外敵とたたかうケースが多いようです。

この映画も、誰も知らない星であるメカトピアから、ロボットの大軍が地球に押しよせる話です。のび太君たちは、ドラえもんに助けてもらって、ロボットとたたかいます。

どうやらメカトピアという星はロボットだけで生活しているようです。ロボットの中にも階級があって、優雅に暮らすロボットと、泥にまみれて働くロボットと、戦争のためにたたかうロボットがあるようです。

ロボットは、神様から、人間よりも上級のものとして生み出されたと思っているようでして、これから地球にきて人間をつかまえて奴隷にするのが目的のようです。

地球を征服する戦争をするために、先遣隊として地球に送り込まれるのが、ガンダムによく似たロボットであるジュドと、女の子の形をしたロボットであるリルルです。

ジュドは、その頭脳部分が分離されており、ボーリングの玉のような形をしています。のび太君たちは、このボーリングの玉のような頭脳を、ドラえもんが出した電気釜のような形をした「おはなしボックス」に入れますと、かわいいヒヨコになって出てきます。名前をピッポと言います。

リルルとピッポは、地球征服のための基地づくりを使命としているのですが、次第にのび太君たちと仲良くなって、侵略戦争に否定的な気持になります。この気持の変化と友情の芽生えが一つの話になっています。

しかしロボットの「鉄人兵団」の地球征服戦争は実行されます。この巨大軍団を受けて立つのが、のび太君、ジャイアン、スネ夫、しずかちゃん、ドラえもんの、わずか五人です。五人の防衛戦争を可能にするのがドラえもんの、魔法の力をもった「ひみつ道具」です。

魔法の道具

たくさん取り出される道具は、実によく考えらえています。まず侵略軍を地球ではなく、地球を写した仮想空間に引き込むための「入りこみ鏡」ですが、ここに入ると、入った人以外はだれもいない、建物だけの都市空間になります。

鏡は、巨大軍団を通り抜けさせるためには小さすぎますので、湖に「逆世界入りこみオイル」をたらして、これを鏡にして、敵のロボットの大軍を仮想空間に誘いこみます。誘いこむ道具が、敵を誘導する独特の「スピーカー」です。

ロボットの大軍は、仮想空間のビル群を破壊し尽くす攻撃をしますが、この攻撃に対して自動的に反撃する道具が「改良型・山びこ山」です。これも実によくできており、攻撃を山びこのように相手に返しますので、攻撃する部隊は、敵がいて戦っていると錯覚します。

その他にも多くの面白い道具で、のび太君たちは、反撃を続けます。しかし敵は大軍で、のび太君たちは、いよいよ危機を迎えます。このとき活躍するのが、ドラえもんの「タイムマシン」です。

おなじみの道具「タイムマシン」ですが、友だちになった、しずかちゃんとリルルが、これにのってロボットが作られたという三万年前の昔に戻り、ロボットのプログラムを書き換えようとします。リルルの訪問を受けて実情を知ったプログラマーの科学者は、プログラム書き換えの途中で死亡しますが、その作業をリルルが続けます。

リルルはプログラムの最初から友愛を書きこみます。これでロボットの歴史はかわり、戦闘兵器のロボットは歴史に出てこなくなります。これは、歴史から、リルルもピッポも消去することを意味しましたが、これによって「鉄人兵団」は消えてなくなり映画は終わります。

のび太君たちの勇気と、リルルやピッポを友だちとして迎える心のひろさも、お話の重要な要素となっています。しかし、この勇気や友情をささえるのは、ドラえもんの莫大な数の魔法の道具です。この映画に出てきた道具だけでも二八個になっています。

まさに、ドラえもんは、子どもたちが、勇気をだし、友情を発揮するための技術的な土台を提供しており、子どもたちの守護シンボルとしての役割を果たしています。

③ポケットモンスター

ドラえもんは守護シンボルとして、大いなる活躍をしますが、ドラえもんの限界は、ドラえもんが一人しかいないことでした。この限界を突き破り、誰もが持つことのできる多くのドラえもんにしたのが、ポケットモンスター（ポケモン）であるということができるでしょう。

ドラえもんがマンガで始まっているのに対して、ポケモンは各種のゲームで始まっており、いまでもゲームが主力であると言えるでしょう。

ポケモンがゲームのキャラクターになるためには、ゲームをやっている個人にとって操作可能である必要があります。ここから、各人に寄り添うポケモンになってきたのかもしれません。

ポケモンの公式サイト（https://www.pokemon.co.jp/ 二〇一九年四月二〇日閲覧）でも、各種のゲームが多く紹介されています。その中にテレビ・アニメもあり、劇場版の映画もあります。ですから、原作は個人の作家というより会社でしょう。現在の会社名は株式会社ポケモンです。

ポケモンは、自然界の動物にやや近い面もあり、探せばどれだけでも見つかるかもしれないと設定されています。ドラえもんが未来から来たロボットであるのに対して、ポケモンは、生物に近いのかもしれません。この点で、やや神秘主義的な面もあります。

ポケモンは各人が持つことができ、小さなボール状の入れ物（モンスターボール）で持ち運ぶこともできますので、持ち主に対して、いつでも、どこでも、持ち主をまもることができます。持ち主のために他のポケモンと対決することもできますし、テレビ・アニメや映画では肉体労働などの手伝いもできます。

持ち主は、「自分一人ではできないこともポケモンと一緒ならできる」と心強く感じます。まさに、その人の守護シンボルとしての役割を果たします。

守護シンボルは、昔話であれば、お爺さんを守る白い犬だったのですが、これが今では各種のゲームやアニメに登場するポケモンになっているということもできるでしょう。その例として、一つの劇場版ポケモンのアニメを見てみることにしましょう。

『劇場版ポケットモンスター・みんなの物語』

この劇場版アニメは二〇一八年に公開されており、大変な人気をよびました（田尻智原案、矢嶋哲生監督『劇場版ポケットモンスター・みんなの物語』（Nintendo Creatures・GAME FREAK・TV Tokyo・ShoPro・JR Kikaku、Pokemon、二〇一八ピカチュウプロジェクト、ＤＶＤ、二〇一八年。以下の引用はすべてこのＤＶＤからです）。

物語の舞台はフウラシティであり、ここで行われる「風祭り」に多くの人があつまります。祭りの企画はいろいろありますが、中心的なものは、ポケモンゲット・レースです。

レースにサトシとピカチューも出ます。レースで活躍するのは、ほら吹きのオジサンであるカガチです。カガチは姪のリリィに良いところを見せたいとおもって、ポケモン研究所の研究者であるトリトからポケモン・ヒトデマンを借り、ポケモンの居場所を教えてもらって、ゲット・レースで一番になります。

レースの二番は、サトシとピカチューですが、このレースの中でのピカチューのたたかいが、一つの山場になっています。

しかし突然、風がとまります。この町のエネルギーは風力に依存していますので、電気をはじめ全ての機能がダウンします。

この原因は、市長の娘であるラルゴが、森に棲む伝説のポケモンであるゼラオラをゲットしようと多くの人が森に入ることを恐れて、風祭りをやめさせるために、町の中心にある聖火を盗み、森に運んだためでした。

聖火がなくなりますと、聖火を通じて街に風を送るポケモンのルギアが風を送ることができなくなります。さらに窃盗集団のロケット団が、ポケモン研究所から毒の胞子を詰めた瓶を盗んでおり、これが爆発するという事件がおきます。

街の機能は停止し、毒ガスが迫っています。この危機をどう救うかが、この映画の見せ場になります。

森に聖火を隠したラルゴのところに父の市長はじめサトシなども集まります。まず聖火をもとのところ、すなわち街の中心に戻す必要があり、つぎに解毒剤をつくってこれを街に散布しなければなりませんでした。

ポケモンと一緒なら、なんでもできる

聖火を街までもどすのに活躍するのが、祭りに参加した少女リサです。リサは、サトシの援助で、新しいポケモンであるイーブイをゲットしていました。リサはもともと足の速い少女でしたが、けがをして以来、走れなくなっていました。ここで、サトシが励まし、リサも、走ることを決心します。二人の言葉は、時間的にはやや離れていますが、並べて書くとつぎのようになります。

サトシ「一人でできないことも、ポケモンがいると、なんでもできる。」
リ　サ「ポケモンがいると、なんでもできる。」

リサは聖火を持って、街の聖火台まで走ります。次の課題は、解毒剤の作成ですが、これは科学者トリトが達成します。これをいかに散布するかが次の問題になります。

このために、お婆さんのヒスイが、山の上の古い発電所の風車で解毒剤を街に散布する作業を

開始します。ヒスイは、多くのポケモンの援助をえて、この仕事をします。その時言います。

ヒスイ「ポケモンパワーをみせる。」

この作戦は成功して、市長の娘であるラルゴが言います。

ラルゴ「人間は一人では弱いけど、ポケモンと一緒だと、たくさん力がわく。」

聖火はもとにもどり、解毒剤の散布は成功し、街は救済され、平和がもどります。これを祝して市長が演説します。

市　長「一人ではできないことも、ポケモンと一緒ならできる。」

筆者は、これまで、昔話との関係でポケモンの性格を見ようとする課題にそって述べてきました。そこで、この映画のストーリーなどを詳しく説明してはおりません。

映画そのものに関心のある方は映画をご覧いただくとして、ここで、何度も引用しましたように、ポケモンは人に勇気を出させる守護シンボルになっています。ポケモンは、持ち主に代わって実際にたたかうこともありますし、持ち主をはげますための、けなげな努力もします。

人は、ポケモンから勇気をもらっており、ポケモンは、人を強くするための守護シンボルになっているということができるでしょう。昔話の犬が、ポケモンとして復活しています。

6 独立心

これまで、白い犬や、ドラえもんや、ポケモンのように、個人の外側に常によりそう守護者がいる話を見てきました。

しかしこの守護者が個人の中に入りますと、自分を信じることになります。自分の力で自分の将来を切り開くことになります。ここに、独立心ができてきます。

昔話には、この独立心をもつ子どもの話が、非常に多くあります。その子どもは、特にハンディをもつ場合が多いようです。普通よりもはるかに小さな子どもが、勇気のある行動をして活躍します。関敬吾の採集した『昔話大成』にも、この種の話がたくさん登場します。その中で、まず「五分次郎」を紹介します。

1 五分次郎

この話も「むがし、むがし、あっとさ（あるところに）爺と婆いだけど。おぼごいね（子どものいない）夫婦だったど」と始まります（引用は『大成三巻』二六～三一頁より）。ところが、あるとき、お婆さんの親指が「むっくりどはってきてしまったど。ほしたれば、こんだ、それ、ペリッとむぐって、そこから赤子《おぼご》ではってきたど。まんず、五分しかね赤子だった」そうです。

お爺さんとお婆さんは、大変驚きますが、おおいに喜び、五分次郎と名前をつけて、大事に育てていました。

その五分次郎が、ある日、海岸で遊んでいると、木の葉が風で飛んできました。五分次郎は、この葉に興味をもって、葉にのって波乗りをしていますと、風がつよくなって海の沖まで流されました。やがて「流され流され流さって、よやっと（ようやく）向こう岸さ着いた」そうです。

ひっそりとした村

五分次郎は、泊めてもらう家を探してまわり「村ばあらがだまわったども」だれも出てきません。村中ひっそりとしており、何の返事もありません。

「つぎの家さ行って『はえっと、お晩です』っていったれば、『はーい』と、中がら声するど。『お晩です。一晩泊めでけろ』って、いうど、『ここの村さ化け物巣くって、村の人ばつぎつぎと食って行ぐげんど、それでもえごんたらば（よかったならば）泊まらっせ。』」

このような返事があったのですが、五分次郎は「化け物なのいだてえさげ、泊めでけろ」と了解して、泊まることにします。この家にはお婆さんが一人で住んでいました。

お婆さんは、五分次郎には、どこかに隠れて寝るように言って、自分は、化け物から身を守るために石で作った箱にはいって、隠れて寝てしまいました。

五分次郎は、隠れる場所をさがしますが、何もかも大きすぎるので「仏様の抹香箱さ入って、抹香箱の縁枕《ふぢ》にして寝ったど。」すると、

「化け物出できたど。ミシッ、ミシッ、ミシッど、やせで（させて）化け物出できたど。『なんだか今晩人臭せぞ。人間この匂いすっとお仏様の中から人間この匂いする』クン、クン、クンと、仏様の方さ鼻くっつげ鼻くっつげできたど。化け物大っきべし。五分次郎ちっちゃこいべし。」

化け物は、匂いをかぐときに、おおきく息を吸い込みますので、五分次郎も、化け物の息と一緒に、鼻から吸い込まれてしまいました。

たたかい

五分次郎は「針のような脇差」をもっていましたので、これを抜いて、化け物の腹の中で「ジャギジャギど、つついだどな。」一生けん命、刺して刺して攻撃しました。すると化け物は、さすがに苦しんで、倒れてしまいました。

五分次郎は、腹の中から出てきて「婆ちゃん、婆ちゃん、化け物退治したがら早ぐ出はってこい。安心して出はってこい」とお婆さんによびかけました。お婆さんは、石の箱から出てきて「あら、あら、あら、お前《め》まだなえしてこの大っきいものば退治したなや」といって喜びました。

翌朝、村の人たちがあつまってきて化け物をよく見ると「大っきい貉《むじな》」でした。やがて貉は「手を出し、足を出し、尾っぽ出して、正体現わし」て逃げたそうです。この話は、全国で一一の類話が採集されています。

2 桃太郎

桃太郎の話は、実に多くのところにあります。関敬吾の採集でも、全国で六五にのぼっています（引用は『大成三巻』六九～八五頁より）。

童話やテレビなどでも、あまりに多く語られているので、昔話なのか、現代の話なのか、よくわからないようになっていますが、話の内容は類似しています。お婆さんが川で拾った桃から生まれた桃太郎が、突然、鬼ヶ島の鬼退治に行くと言い始めます。桃太郎はきび団子を作ってもらい、新しい着物を着せてもらい、新しい鉢巻きをして、刀をさして、日本一の桃太郎と書いた旗を掲げて出かけます。

山の芝刈りで、つつましい生活をしている農民のお爺さんが刀を持っているはずはないのですが、このお爺さんが刀を与えるのも、日本一という旗を持って宣伝するところも、戦国時代のサムライのような雰囲気が混合しているようです。

よく知られているように、やがて犬、雉《きじ》、猿が、きび団子をもらって家来になって、鬼ヶ島に行きます。桃太郎は鬼退治をして、宝物をとりあげて凱旋します。

前の話である「五分次郎」では、比較的流れのよい話ができており、化け物を征伐しなければならない理由も、村人が食われてしまうという事実で、示されています。

五分次郎は化け物に食われて危機に陥りますが、腹の中で針をつかって抵抗して出てきます。化け物の正体が貉《むじな》であることも示されます。勝利したからといって、宝物をどっさり手に入れてきて配布するわけでもありません。

桃太郎の話は、鬼のいる鬼ヶ島があるとか、きび団子をやり取りするとか、日本一になるとか、宝物を奪って戻るとか、一言で言うと、非常に政治的な言葉が使われています。

とくに社会を、人間の生活する領域と、鬼の生活する領域に分けることは、社会を差別と被差別の領域に分けることにつながる可能性もあります。自分の国を人間の領域として、外国を鬼の領域とすると、侵略と略奪の論理にかわる論理的可能性もはらんでいます。

桃太郎にしても、前の五分次郎の話にしても、子どもとしては異常な生まれ方をしています。このような話は多いようです。たとえば、子どもがそもそも人間の姿をしていないこともあります。人間であっても、身体が極端に小さいとか、身体に問題があることもあります。

いずれにしても、子ども本人としては、なんとも、くやしくてしかたがない問題をもって生まれた者が、勇気をだして、社会的に活躍をするという話が多くあります。

この話はいくつもの類型をなしています。関敬吾のまとめでも、「親指太郎」、「手斧息子」、「寅千代丸」、「踵太郎」、「蛇息子」、「蜘蛛息子」などとして採集されています。

昔話は、子どもの応援歌になっています。どんな子どもであっても、りりしく成長するものであること、社会正義のために、たたかうものであることを示しています。

③高森朝雄＝ちばてつや『明日のジョー』

五分次郎型の昔話のパターンが流れ込んでいるアニメも非常に多いと思われます。子どもが、たった一人で立ち上がる話です。きわめて個人主義的で勇敢な話です。

このタイプの話には、化け物退治のように社会正義を目的とするものの他、ボクシングのチャンピオンになりたいというような自分の目的達成型もあります。

ジョーとボクシング

例えば「明日のジョー」のように、自分の目的のためにストイックに訓練するタイプもあります（高森朝雄＝ちばてつや『あしたのジョー』（一〜二〇巻）』講談社コミックス、完全複刻版、一九九三年）。

「明日のジョー」は、『週刊少年マガジン』で、一九六七年の一二月（一九六八年一月一日号）から、一九七三年四月（五月一三日号）まで六年間にわたって掲載されました（ちばてつや・豊福きこう『ちばてつやとジョーの闘いと青春の一九五四日』講談社、二〇一〇年、三一〜二四九頁）。

ジョーは少年院でくらしていますが、少年院のレクレーションとしてのボクシングに参加します。これが面白くなってジョーはボクシングに熱中します。

ボクシングにすぐれており体格にも恵まれていた力石が、やがてジョーのライバルになります。力石はジョーとおなじ階級で勝負するために、無理な減量をします。

ジョーと力石は念願の対決をしますが、力石は無理な減量も要因の一つとなって、試合後死亡します。目標を失ったジョーは、つぎに外国の選手との試合に情熱をもやし、青年時代の全てを使い果たします。

最後には世界チャンピオンであるホセ・メンドーサとの試合に臨み「真っ白な灰になるまでやらせてくれ」と段平に頼みます（『あしたのジョー第二〇巻』、一九一頁）。

ホセは、一四ラウンドが終了した時点で、セコンドに対して「ジョーは、打っても、打っても、……不気味に立ち上がる」と、うめきます。ジョーは段平に何を言われても答える力もありません。眼もあまり見えなくなっています（『第二〇巻』、二三九頁）。

一五ラウンドが開始され、両者は激しい打撃戦をくりかえします。ジョーがダウンしますが、亡霊のように立ち上がります。ジョーのクロス・カウンターでホセがダウンします。しかしホセも立ち上がり、ゴングまで打ち合います。判定で試合結果はホセの勝利となります。ジョーはコーナーのイスで動きません。頭はうなだれ、髪の毛は真っ白になり、目は閉じ、口はほほえんでいます。（『第二〇巻』、二六〇頁）。

これが死亡を意味するのかどうか、読者のあいだでは、長く論争になるほど、読者の関心をひきました。

ジョーと七〇年代の個人主義

ジョーは、一九七〇年代のおおくの青少年に読まれるのですが、意外な読者として三島由紀夫もいました。『週刊少年マガジン』誌上でジョーと力石が死闘をくりひろげていたある晩、三島が突然、講談社編集部を訪れます。

三島は「今日が発売日だったが、買いそびれたので、早く続きが読みたい、……一冊譲ってほしい」と願い出たそうです。この話を聞いて作家の梶原一騎（＝高森朝雄）は「こんなに感動したことはないよ。三島さんが……愛読してくれたなんて」と絶句したそうです（森影英『「あしたのジョー」とその時代』、北辰堂出版、二〇一六年、三二、四四頁）。

ジョーの場合、ボクシングの目的は自分で設定したものにすぎません。ボクシングのために刻苦勉励するというマンガの場合、読者は、その目的を、高度成長期の企業戦士の営業に置きかえることもできましたし、商売繁盛に置きかえることもできました。

目的を、日本の復興に同化することもできたでしょうし、社会主義革命に置換することもできたでしょう。三島は、自衛隊を使った一大変革に置きかえていたのかもしれません。

三島の割腹自殺は一九七〇年一一月二五日です。多くの大学の学園紛争は一九六八年頃から一九七二年頃まで続きます。連合赤軍のあさま山荘事件は一九七二年二月に起きています。どのような読者が、どのような自己目的に置きかえたか、これは調べなければわかりません。

しかし、わかることもあります。ジョーの目的が、さまざまの目的に置換可能であったとはいえ、自己決定による目的であったことは、明らかです。

ジョーの熱狂的な読者になった人たちは、上役の命令に盲目的に従う、あるいは上官の命令に絶対的に服従する、あるいは社会的に権威をもつ人の示唆を自己の倫理とする、このような態度から、離脱してきていることは明らかだったでしょう。

この点は、政治的なイデオロギーに関係ないでしょう。つまり、一九七〇年代が経験した精神的地殻変動かもしれません。その後のマンガやアニメは、この個人主義化の延長上にしか書くことができなくなったかもしれません。

読者の諸目的には、もちろん本書で前にとりあげた「弱肉強食」の個人主義的目的も含まれます。ここには、一九七〇年代の『あしたのジョー』のはらむ危うさがあります。強力な個人が勝者となれば、新たな権威主義や権力主義をつくりあげることもできます。

そこで、ジョーの自己目的設定型の個人主義を、ボクシングの延長上にあるスポーツマンシップの目的達成型と、社会正義を追求する型にわけて考えてみたいと思います。

まずスポーツマンシップ型です。この世界には、多くのアニメもあるでしょう。しかし、実際のアニメから外れますが、実在の人が書いたスポーツ論を取り上げてみます。

その人が実際にどのような業績があるかどうかが問題ではありません。その議論がどうかを見ることで、アニメに類する物語の一種として読んでみます。まず長谷部誠の作品と、つぎに桑田真澄の作品をとりあげます。いずれも広く読まれていますので「アニメなど」に含めて理解します。

④長谷部誠『心を整える』

長谷部誠は、その著書『心を整える』で、きわめて個人主義的でストイックな議論をしています。長谷部は一九八四年生まれで、まだ非常に若い選手です。

長谷部の著書の特徴は、その個人主義と、禁欲主義と、合理主義です。これまでよく日本人の特徴といわれることのあった集団主義には否定的です。「群れない」ことをモットーとして、ひたすら孤独に努力します（長谷部誠『心を整える（勝利をたぐり寄せるための五六の習慣）』、幻冬舎、二〇一四年）。

さらにその禁欲主義も特徴的であり、飲酒に溺れることなどをきびしく抑制しています。また合理主義的な生活も、よく主張されており、自分の一日を、サッカー選手として身体能力を維持するために設計したいと論じています。

国際試合を頻繁におこなうときは、時差ボケにならないために、一週間前から、生活を、少しずつ、到着国の時刻にあわせて変化させることなど、実に合理的な自己管理を主張しています。

⑤ 桑田真澄『心の野球』

桑田真澄には『心の野球』をはじめ多くの著作があります。『心の野球』も、他の著作と同様に、桑田の個人主義的で禁欲的な哲学を示しています（桑田真澄『心の野球（超効率的努力のススメ）』幻冬舎、二〇一五年）。

本書は「努力」を強調し、どのような「試練」にあっても、その「一瞬」に全てをかけて生きろと主張します。

桑田は、野球における指導者と選手の関係を上下関係とはみていません。これは、これまでの日本の体育会系の文化に、おおきく挑戦するものでしょう。指導者が選手を「怒鳴ったり」「威嚇したり」することをやめるように提案しています。

選手を育てるには、成長の方向を言葉にして、よく議論することが肝要だと言います。選手は、自ら考えて自ら成長するのです。

選手を深く信頼することによって、指導者が選手に対して愛情をそそぐことができるし、これを基礎として相互の信頼関係もチームワークも作られるとされます。個人主義を基礎にしてはじめて良きチームがつくられると考えています。

五分次郎型の独立心は、もう一つのタイプである社会正義追求型にもなります。古くは手塚治の「鉄腕アトム」もあります。この系譜は、宮崎駿にも継承され、「ナウシカ」なども創造されています。

⑥宮崎駿『風の谷のナウシカ』

宮崎駿監督を中心とするスタジオジブリが制作した映画『風の谷のナウシカ』は、一九八四年に公開されています。その後、多くの言語に翻訳され、世界中で楽しまれています（スタジオジブリ『ジブリの教科書一・風の谷のナウシカ』文芸春秋、二〇一三年、二九頁）。

ナウシカについては、すでに膨大な本や論文も発表されていますが、本書で問題になるのは、ナウシカが個人主義的な独立心のある正義追求型の人物であり、その意味で、昔話「五分次郎」の伝統を受けついでいるということです。

ナウシカの独立心は、まず知的な独立心であり、次に行動における独立心です。なお、ここで使う史料は、宮崎駿監督『風の谷のナウシカ』（スタジオジブリ、ブエナ・ビスタ・エンターテイメント、DV

D、二〇〇三年）です。

知的独立心

知的な独立心は、自然の理解と社会の理解についての独立心です。まず自然についてですが、ナウシカの時代は、わたしたちの文明の時代から一〇〇〇年後とされていますので、一〇世紀も未来なのでしょう。

わたしたちの時代に大きな戦争があって文明が崩壊したという前提になっています。一種の終末論的な世界です。

この世界では地表が菌類におおわれ、この菌類が一種の毒を出し続け、それは人にとっては毒ガスのようなものであるとされています。この菌類がおおいつくす世界を腐海とよんでいるようです。人びとは奇妙な防毒マスクをつけて生活しています。

菌類は樹木に寄生して、結果的に森全体をおおっています。森には、巨大な虫が住んでいます。一般の考え方では、この毒を出す菌類と森を焼却することで、問題が解決すると思われています。帝国トルメキアの政治家も、小国ペジテの政治家も、森の焼却の点ではおなじ考えを持っていました。

これが当時の常識だったのでしょう。腐海は人間に敵対しているので、これを焼きはらうことで人間の時代が取り戻せると思われています。腐海をおおう森にすんでいる巨大な虫たちも、焼き殺すことで害がなくなると考えられていました。

このような常識に対して、ナウシカは疑問をもち、自分で研究します。自分でつくった地下深くの研究室で、菌類の胞子を培養してそだてています。その結果、この研究室では毒が発生しないことを発見します。

ナウシカの見解では、地下水をくみあげて、この水で菌類を育てると毒が出てこないそうです。この地下水を、森の樹木が吸い上げて、浄化のたたかいをしています。しかし、問題は土にあり、土の腐敗によって菌類が毒を発生させているようです。ですから、森を焼却しても、土がある限り毒は残ります。

樹木は水を吸い上げる仕事を長年おこなって、枯れはてたのちは、砂になり、土を浄化するとナウシカは考えます。巨大な虫の役割はあまりはっきり示されてはいないようですが、たぶん、樹木とともに浄化の一環を担っていると想像されているのではないでしょうか。

そこでナウシカは、虫を大切にし、森を大切にして、水のちからで、腐海の浄化をめざしていたと思われます。ここには、ナウシカの知的独立心が、非常にはっきり出ています。

行動における独立心

このような独自の自然観をもっているナウシカは、森と虫を焼き尽くすことで問題を解決しようとする、トルメキア国やペジテ国の指導者には従うことができません。

たまたまナウシカのいる「風の谷」だけは、海からの風で毒ガスから守られており、一種のユートピアをなしていました。しかし、トルメキア軍の軍用機が「風の谷」に不時着し、菌類と、一〇〇〇年前の巨神兵の卵をもちこみます。

その後「風の谷」は、トルメキア軍によって占領され、ナウシカは、捕虜になるのですが、機会を狙って、自分の飛行機で脱出します。一人で乗る飛行機であるメーべと、二人で乗る飛行機であるガンシップが活躍します。

トルメキア軍と軍事的に対立するペジテ軍は、トルメキア軍が駐留する「風の谷」の攻撃を計画しています。その攻撃の方法は巨大な虫であるオームの大軍を、「風の谷」に突入させることでした。ペジテ軍は、巨大な虫であるオームの子どもをおとりにして、オームの大軍を「風の谷」に誘導していました。

オームの子どもを吊り下げたペジテ軍の、水がめ型の軍用機に対して、ナウシカは一人で挑戦します。空中を飛ぶメーべの上に、大の字のかたちに手をひろげて、敵軍に降伏を迫るナウシカの姿は圧巻です。

ナウシカは敵の攻撃で負傷しますが、それでも、おとりのオームの子どもをとりかえします。子どもを、オームの大軍の前にもどそうとしたナウシカは、大軍の暴走によって空高く跳ね飛ばされ、地上に、はげしくたたきつけられます。

宮崎駿は、最後のシーンに苦労したようです。結局映画の最後では、ナウシカがオームの不思議な力で生き返ることになりますが、これは「宗教絵画」みたいでいやだったようです（スタジオジブリ『ジブリの教科書一・風の谷のナウシカ』文芸春秋、二〇一三年、一八～二一頁）。

しかし最後のシーンがどうであれ、ナウシカの行動については、いかなる政治勢力にも、いかなる軍事力にも、左右されず、自分で考えて自分で行動する、きわめて強い独立心をもったものであることはあきらかでしょう。

ここで、昔話との関係を考えますと、特に体の小さな五分次郎が、何も恐れることなく、大きな化け物を退治したという話の流れの中に、このナウシカを位置づけることができるでしょう。

しかし、ナウシカも、一人で全てを引き受けて世界を守ろうとします。このことは、ナウシカは、その気持が、すこしでも変化すれば、悪い独裁者になる危うさをもっていることも意味します。

五分次郎型のパーソナリティーが、孤独なスポーツ選手や、学者や芸術家にひきつがれる場合には、この人たちが、社会的な権力者として立ち現れ、他者に対して独裁的弊害をもたらすことは、すくないかもしれません。

しかし、五分次郎型のパーソナリティーが、社会正義追求型の人に継承されますと、その人の正義は、しょせん独善ですから、いくら信念の政治と言ってみたところで、危うい内容をもっています。ナウシカのような聖人タイプの政治家を想定することは、むずかしいでしょう。

英雄タイプの人が独善に陥ると困ったことになります。自分は誰よりも優れていると、うぬぼれ、犯罪予備軍を殺害しつづければ、世の中から犯罪率が減少し、治安のために、絶大な貢献をすることができるという妄想をもつかもしれません。

⑦大場つぐみ・小畑健『DEATH NOTE』

大場つぐみ原作・小畑健マンガ『DEATH NOTE』は、『週刊少年ジャンプ』に、二〇〇四年から二〇〇六年にかけて連載されました。その後、単行本として一二巻が出版されています（大場つぐみ・小畑健『DEATH NOTE』一巻〜一二巻、ジャンプ・コミックス、二〇〇四〜二〇〇六年）。

その後映画化され、同映画のＤＶＤも発売されています（金子修介監督『DEATH NOTE』株式会社バップ、DVD、二〇〇七年。マンガと映画には若干の違いもありますが、以下のすべての引用はDVDからです。)。

デス・ノートの主人公は、警視庁刑事局長の夜神総一郎の長男で夜神月《ライト》です。ライトはすでに司法試験に合格している秀才ですが、ある日、デス・ノートを拾います。このノートは、その持ち主が、誰かの名前を書きこみますと、名前を書かれた人に死をもたらす力をもっています。

名前を書いて四〇秒以内に死因を書けば、そのとおりに死亡しますが、もし死因を書かなければ、心臓麻痺で死亡することになります。

ライトは、犯罪者を減らすためという理由をつけて、犯罪の容疑者や、汚職をしたと思われている官僚や、護送中の容疑者、さらには裁判中の被告人などを、次つぎに、殺害します。新聞などでは、連続する「謎の怪死事件」として扱われます。

ぼくが正義だ

世論では、裁判で有罪にできない人でも、誰かが処罰してくれているという点を歓迎する支持者もでてきます。その誰かについて、ネットなどでは「キラ」という呼び名までついて、称賛されます。

ライトは、この情報を見て、満足します。ライトは「デス・ノートがあれば、犯罪のない理想の社会が生まれる」と言い、「ぼくが正義だ」と確信します。

やがて、ライトは死神を見るようになり、しばしばリュークという名前の死神が登場します。リュークはライトに対して「正義といいつつ殺しあう」のかと笑います。

この連続死亡事件は、世界的に問題になり、インターポールからエルと呼ばれる捜査官が派遣されます。

エルは、容疑者は夜神総一郎の家族の中にいる可能性を示唆します。アメリカのFBIから派遣された南空ナオミは、ライトがキラであると判断して、ライトの恋人である秋野詩織を使ってライトを美術館に呼び出します。

ナオミは詩織の腕をつかみ、詩織に銃をつきつけ、自分の名前は南空ナオミであると言い、遠方で見ているライトに、殺してみろと挑発します。詩織は、とっさにライトの方に逃げますがナオミに撃たれます。ライトは詩織を抱きとめますが、警察が来ると同時に死亡します。

ライトは、自分は恋人を目の前で殺されたのだから、自分はキラではないと証明されたと、父の総一郎に訴えます。

しかし恋人の詩織と南空ナオミの死亡は、ライトが、あらかじめデス・ノートに書いていたものであり、事件は、書かれたとおりにおきました。ここに死神のリュークが登場し、ライトは死神以上の「悪魔」だなと非難します。

これが前編ですが、物語が後編や続編になるにしたがって、殺人は、感情的なものになったり、脈絡のないものになったりしていきます。

7 独立心と共感

これまで「やわらかな宗教意識」と「守護シンボル」について考えてきました。「やわらかな宗教意識」がしだいに、自分だけを守るものになりますと「守護シンボル」に変化します。白い犬であったり、ドラえもんであったり、ポケモンであったりします。しかし、このように個人の外にある守護シンボルを、個人が自分の中に取り込んでしまいますと、自分を信じることになり、自信になり独立心のある人になります。

ところが、ここで扱う独立心は、本書で最初にとりあげた「弱肉強食」のエゴイズム的な独立心ではありません。あくまでも宗教意識が内面化した「独立心」ですから、他の人に通じる通路をもっており、他の人に「共感」できるものであり、「立場の相互置換」をし、相互に協力できるものです。

これまで、しばしば、日本人には独立心がないと言われてきました。その一つの例として、芥川龍之介の『トロッコ』を読んでみます。ここに出てくる少年は、ひ弱であり、親のところに戻って泣き崩れます。

ところが、驚くべきことに、昔話の子どもたちは、まったく逆です。親に殺されそうになっても、親にまきこまれないで、子ども同士が助けあい、生き延びます。この独立心と、共感の能力は、特徴的です。

昔話の例として「月と星」と「旅人馬」を読んでみます。このテーマは、現代では是枝裕和監督の『誰も知らない』に継承されています。さらに、愛しあう主体を子どもから大人までひろげますと、同じ是枝監督の『万引き家族』に引き継がれます。

そこで、是枝監督の映画は、いつか聞いたことのあるような、不思議な感覚を引き起こすのかもしれません。

① 芥川龍之介『トロッコ』

芥川の『トロッコ』は、もちろん昔話ではありません。彼の短編小説『トロッコ』をここで取り上げるのは、主人公である少年の姿が、のちに見る昔話における子どもの像と対照的だからです。（『芥川龍之介全集』第九巻、岩波書店、一九九六年、四七～五四頁）。

芥川の描く子どもはひ弱であり、親への依存心が強いのに対して、昔話の子どもは勇敢で、独立心が旺盛です。そこで、昔話の特徴を見るために、これと対照的な芥川の小説を、まずとりあげてみます。

『トロッコ』の主人公である良平は八歳です。自宅の近所でおこなわれている鉄道敷設工事に興味をもっています。工事のための材料や土砂の運搬のために、トロッコ用の簡易線路がしかれています。トロッコは動力をもっていません。働く人が二人で押してうごかします。トロッコの線路は、丘を越え海辺をとおり雑木林や蜜柑畑をはしります。線路は上り坂や、下り坂や平地にしかれています。平地や上り坂では押さなければならず、下り坂では自動的に走ります。

良平は、トロッコの動きに強い関心をもち、ある日、自分も作業にいれてくれるようにたのみます。職人さんたちは親切であり、良平を加えて三人で、上り坂では、力をこめて押し、下り坂では荷物と一緒にトロッコにのって楽しみます。

楽しんでいるうちに、良平は、やや遠方まで来すぎたと不安になります。しかし、トロッコはやがて終点に着くだろうし、その後は、起点にもどるにちがいないので、自分は家まで送ってもらえると予想していました。

不安と涙

ところが、予想に反して、職人さんたちは終点で泊まることを知ります。このとき、良平は精神的危機に直面します。これまで来たこともないほどの遠方から、線路伝いに帰らなければなりません。

芥川は書いています。良平は「無我夢中に線路の側を走り続け」ます。「時々涙がこみ上げて来ると、自然に顔がゆがんでき」ます。もう日が暮れはじめており「いよいよ気が気ではな」いと感じます。「『命さえ助かれば——』良平はそう思いながら、辷ってもつまずいても走って行った」。

「彼の家の門口へ駆け込んだ時、良平はとうとう大声に、わっと泣き出さずにはいられなかった。その泣き声は彼の周囲へ、一時に父や母を集まらせた。殊に母は何とか云いながら、良平の体を抱えるようにした。が、良平は手足をもがきながら、啜り上げ啜り上げ、泣き続けた。……今までの心細さをふり返ると、いくら大声に泣き続けても、足りない気持ちに迫られながら。」

良平は、山賊に襲われたわけではありません。監禁されたわけでもありません。ただ家から遠方に来すぎたことが、もっぱらの原因になって、命すらなくすのではないかという恐怖心にとらわれます。線路にそって帰ればよいことはわかっていたはずですが、家についていて母に抱きかかえられるまでは、いくら泣いても消えないほどの心細さを感じます。

芥川は、ずいぶんひ弱な子どもを描いています。しかも芥川は、良平が成人し、東京の雑誌社に勤務するようになっても、この子どものときの不安が「全然何の理由もないのに」断続的に、二六歳の彼を拘束すると書いています。

もし子どものころの精神状態が、成人後の人格を拘束するのでしたら、子どもの描き方は、人の描き方を示すことになります。そうであれば、昔話における子どものありかたは、いよいよ重要になります。ところが、昔話の子どもたちは『トロッコ』の良平とは対照的な、勇気と知恵のある子どもたちです。そこで、昔話の子どもを見てみましょう。

②月と星

ある男性が再婚したとき、再婚によって新しく母になった人を、昔は、継母《ままはは》と呼んでいました。この新しい母が生んだ子どもが継母にとっての実の子、つまり実子となります。再婚する前の母は、男性の前の妻ですが、昔話の家庭には通常、この前の母の子どもがおり、この子を、継子《まこ》とよんでいます。

人の人権は同じですから、継母とか継子という呼び方は、差別用語です。本来なら使わない方がよいのですが、昔話を理解するためには、このような用語を捨て去ることがなかなかできません。そこで、言葉に問題があることを念頭においたうえで、昔話そのものを見てみます。

昔話では、継母は、決まって、前妻の子どもである継子を殺そうとします。この子殺しの話を、関敬吾は、ずいぶん多く採集しています。このような話がどうしてこれほど多いのか、子殺しにおける父親の役割は、どうして、一般的に、従属的なのか、筆者にはよくわかりません。

歴史的な実態がどうだったのかについても、専門家の研究を待つしかありません。特に、子殺しには、何か経済的理由があるのか、感情的理由があるのか、さらに、殺人者は、なぜ継母なのか、実際にそうだったのか、あるいは、なんらかの偏見で、継母を悪役に作りあげたのか、つまりむしろ女性差別によるフィクションなのか、これらのこともよくわかりません。

継母の継子殺しの代表的なものとして「お銀小銀」があり、これに類する話は、全国で八九採集されています。しかし、この話の主人公になるのは、実は、お月（前の母の子・継子）と、お星（新しい母の子・実子）なので、ここでは、話の標題を「月と星」とすることにしました（引用は『大成五巻』一二八〜一五六頁より）。

この話によれば、継母の子殺しに対して、継母も、父親も、隣人も、これを悪いと思う気持はまったくありません。これがあたかも当時の常識であるかのようです。

親の子殺し

ここから「月と星」の話になります。継母の実の子の名前が「星」です。先妻の子どもが「月」です。二人とも女の子です。継母は「月」を殺すために、第一の計画として、毒饅頭による殺害を企てます。

「星」には甘い良い饅頭をつくり、「月」には毒饅頭をつくります。ところが、子どもである「星」は、知恵と愛情のある子どもで、母の計画をくつがえします。二人は河原に遊びに行くことにして、「星」は、

「さりげなぐ、姉こ姉こ、外さ遊びに行ぐべやど、お月ば誘いだして、姉こなし、おらほの半分あげるから、姉この饅頭、毒饅頭だはんて、食べるでねあんすじゃど、裏の竹やぶこさ捨てさせだ。ところが雀こがぱさぱさととんできて、その饅頭つづいていたけが、見てるまに、毒の効き目が現われて、きりきり舞いして死んでしまった。」

母は第二の殺人計画に移ります。今度は、「月」の「寝床の上の梁」から石臼を落として圧死させようとします。しかし今度も「星」は母の計画に抵抗します。「星」は、

「寝床さ下ったふりばしてお月をそっと隅こさ呼んで、姉こ姉こ、お母ちゃが姉こ殺すべど、悪企みしてるから、今夜はおらの床さ来て一緒に寝でございど、お月を自分のどごさ寝がせで、お月の寝床さば瓢箪《ひょうたん》に朱殻こいれだのを布団がぶせで、さもお月が寝でるふうに見せかけで置いだ」。

継母は、その夜、天井から石臼を、月の布団に落として、赤い血がとびちったと思い「これで邪魔者がなぐなって、せいせいした」と言います。ところが、よく朝になると、なんと二人そろって起きてきますので、母親はくやしがります。そこで、第三の殺人計画をたてます。

母は、石切り職人を雇って、石の唐櫃《からど》をつくらせ、「星」に対して「お月は家に要らない娘だから」唐櫃にいれて奥山に捨てると宣言します。「星」は、ひそかに職人さんのところに行き、唐櫃の底に丸い穴をあけておくように依頼します。「星」は

「姉こ姉こ、ここさ菜種をいれでおぐはんて、道々この穴こから種子こを小《ち》こずつこぼしてございい。菜種の花こが咲くころになったら、その目標《めじるし》をあでにして必ず助けに行ぎますがらど、菜種の袋ど焼き米ど水こまで添えでそっと持だせでやった。」

「月」は、石工職人にはこばれて山奥に埋められるのですが、菜の花がさく季節になって、「星」が助けに行く時がきます。「星」は菜の花をたどって、山をこえ谷をこえて、やがて山の奥深く、菜の花の列が輪になっているところにたどりつきます。ここを掘り、石の唐櫃を発見します。

「星」は、石のふたをこじあけて、

「あや懐かしがったじえ、姉さまし、健在でありましたがど、姉こを唐櫃の中から抱ぎ起こして見ると、お月は永い月日を泣ぎくらしていだので、目は泣きつぶれで盲どなっていだ。」

しかし「星」の泣く涙が「月」の眼にはいると、「月」の眼も「ぱっちりどひら」き、二人は谷川の水をすすり、握り飯をたべ、元気になります。こうして、二人の子どもは、母親の殺人計画とたたかって、勝利します。

子どもの独立心と共感の力

この話に登場する「星」は、母から殺害される危険はまったくありませんでした。そればかりでなく、もし「月」が殺されれば、イエでの食料は一人分節約できて「星」の待遇がよくなるかもしれません。

さらに「星」が「月」を助けたことを母が知ったとき、どのような制裁があるか、この点のリスクもありました。しかし、そのリスクを覚悟で「星」は「月」を助けます。

「星」は、同じ人間として「月」に共感する能力をもっており、相手の立場にたって、自分のリスクを負う勇気がありました。つまり立場置換の能力があり、そのうえで危険をさける知恵をはたらかせ、それをおこなう実行力がありました。

それにひきかえ母は、前述のように、子どもを「イエにとっていらぬ子」か、それとも、いる子かで、子どもを見ていました。母には、人間としての子どもに、共感する能力はありません。母は、母にとって有益かどうかで、子どもを考えます。子どもを、自分とおなじ水準の人間として見るのではなく、自分の道具としての有益性の程度で判断します。この判断を許しているのが「イエ」というカードです。まさに「イエ」は、殺人すら肯定する魔力を持っていました。

③旅人馬

前に取り上げた話「月と星」は、親の子殺しとたたかうために協力する子どもたちを描いていました。「月」と「星」は、母がちがうとはいえ、おなじ家族の内部の姉妹でした。では子どもたちが、別々の家族のメンバーであるときはどうなるのでしょう。

このとき、子どもたちは、単なる友だちです。ところが、この単なる友だちの場合でも、子どもたちのあいだには、強い共感と、立場置換の能力があり、賢い知恵をはたらかせて助けあう話があります。

ここで紹介する「旅人馬《たびびとうま》」として整理されている話は、全国でも二二の事例があるとされており、子ども同士の友情と協力を示すものです（引用は『大成六巻』二八三〜二八八頁より）。

社会的な壁の超越

「旅人馬」の話は「金持ちの子と貧乏の子が、兄弟のように交際していた。世の中にこんな交際はないというくらいに」という文ではじまります。

この二人が旅にでることにして、ある日、宿にとまります。「金持ちの子」はすぐに眠るのですが「貧乏の子」はなかなか寝つかれないで、宿の女主人が山姥であることを発見します。「貧乏の子」は、翌朝の餅があやしいと思い、「金持ちの子」に、これを食べるな、と耳打ちします。しかし「金持ちの子」は餅を食べてしまい、馬にされてしまい、宿で使われることになってしまいます。

「貧乏の子」は、友人を人間にもどすために方法をさがしまわり、やがて会った「白髪」の「爺」に秘策を伝授されます。それは、特別の茄子を食べさせることでした。特に東を向いた一本に七つの実のなった茄子を見つけて、これを食べさせろと言われます。

「貧乏の子」は、その特別の茄子を探しもとめて旅をして、ついに発見したその茄子をもち帰ります。馬が七つの茄子を一気に食べることは簡単ではなかったのですが、なんとかこれをやりとげて「金持ちの子」は人間にかえり、二人で無事帰宅します。

この話は、非常に単純ですが、子どもたちは、貧富の差にとらわれずに、立場を置換して理解する能力をもち、知恵と勇気で、友人と助けあう姿を示しています。

④是枝裕和『誰も知らない』

是枝裕和の『誰も知らない』は、二〇〇四年にカンヌ映画祭に出品され、主役を演じた柳楽優弥は、最優秀主演男優賞を史上最年少で受賞しています（『誰も知らない』制作委員会『誰も知らない』バンダイビジュアル株式会社、DVD、二〇〇五年。以下引用は全てこのDVD、および添付されていたDVD特典ディスクからです）。

是枝裕和は、実際に起こった事件にヒントを得てこの映画を作ったと述べています。しかし、本書の視点から見ますと、この映画は、前に見ました昔話「月と星」および「旅人馬」の地下水から流れ出た泉と考えることもできるでしょう。

親による子殺し

「月と星」では、親が子どもを殺そうとします。『誰も知らない』では、母親は、子殺しを直接するわけではありませんが、育児を放棄します。

子どもは、親の物的・精神的サービスを受けて子どもとして生きていることを自己確認します。学校にいったり友人をつくったりして社会的に生きる意味を獲得します。これが子どもにとって生きるということでしょう。

ですから『誰も知らない』で、母が育児放棄をするだけでなく、アパートの一室から外に出ることを禁止すること、および学校に行って社会性を得ることを禁止することは、子どもから物的な生存基盤をとりあげるだけでなく、精神的に生きる基盤をとりあげていますので、その意味で、殺害することに近いでしょう。

ところが『誰も知らない』では、継母の問題は出てきません。イエの問題も出てきません。その意味で、子殺しを弁解する理論的準備は、昔話よりも弱いでしょう。しかし、親が子どもを殺そうとしたという点で、「月と星」と『誰も知らない』は、同じ部類に属します。

父親の免罪

実は、男性の責任の問題でも、昔話と是枝裕和の作品には共通性があります。「月と星」などの昔話では、子どもを殺そうとする親は、女性である母でした。父親は、出てこない話もありますが、殺害に、協力することもあります。いずれの場合も、父親は殺害の主役とは書かれていません。

しかし、仮に殺害の主役が母であったとしても、「イエ」制度は男性中心の制度であり、家長は基本的に男性であり、社会的な代表権も男性がもっていたことなどを考えますと、子殺しについて、父親の責任が追及されないのは、きわめて不自然です。

つまり、昔話において男性の責任が除外されている可能性があるのかないのか、この点は、専門家に研究していただく価値があることでしょう。

昔話で、子どもたちが、たたかう相手は、家長の男性ではなく、女性の母親です。ところが、二一世紀になって作られて、カンヌ映画祭で注目された『誰も知らない』でも、子どもがたたかう相手は、女性の母親です。

育児放棄されて、兄弟の世話の責任を負わされた長男の明《アキラ》が、もっぱら責めるのは母親です。母はどうして帰ってこないのか、どうしてお金をもっと十分送ってくれないのか。このように思う相手は、母親です。

たしかに、明・京子・茂・ゆきという四人の子供の父親は、それぞれ違うという設定がされています。これは、男性の側の責任は、四人にあったことを示しています。

四人の男性は、自分の子は一人だけだと言うかもしれません。しかし、女性に他の母の子を育てる責任があるなら、男性にも、他の父の子を育てる責任があるでしょう。つまり、もし明が、男性側の親を問題にしようとするなら、四人をターゲットにする選択肢がありました。

しかし是枝裕和の映画では、子どもの側が、男性側の親を責める傾向は、きわめて希薄に設定されています。タクシーの運転手さんをしている一人の男性に対しても、明は、雑談程度にお金の無心をするにとどまります。

パチンコ屋さんで働いている男性に対しても、明は、恥ずかしそうに実情を話す程度で、わずか五〇〇〇円をもらって帰ります。いずれの男性も、わるびれる様子もありません。

さらに、明の実際の父親については、本人を探す情報の片鱗すらないと設定されています。ですから明は、父親の探索の関心をもっていません。

母親の「福島けい子」が、明との別れの食事で、明の父は逃亡しているのだから私よりも父が悪いという趣旨のことを言います。しかしこのときも、明には、父の情報への欲望も、父への怒りも、復讐心も出てこないように演出されています。

明の関心は、もっぱら母にむけられるという映画の基調は、昔話における、男性を免罪し女性だけを責める態度とおなじです。

しかし、逆説的にいえば、是枝は、父親の責任感をもった人物を登場させないことによって、男性の責任一般を、実は最も深く、強く、問題にしていると言えないこともないでしょう。これは、母親の「けい子」を、ある程度以上責めないというストーリーで、担保されているのかもしれません。

子どものたくましさ

「月と星」と『誰も知らない』の、最も重要な共通点は、子どもの勇気と、たくましさです。勇気と言いましたが、勇気とは、必ずしも武器で派手にたたかうことではありません。勇気とは、人が自己の運命と、静かにたたかうとき、もっとも発揮されるものでしょう。

「月と星」では、もし「星」がすなおな人物なら、「月」にとって、あたかも運命のように、死がおとずれたでしょう。しかし、この「月」と立場置換の能力をもっていた「星」は、「月」の運命を共有し、引き受け、それとたたかいます。

「星」は、なにも大騒ぎするわけではなく、武器でたちまわりをするわけでもありません。しかし、静かに、知恵と愛をめぐらし、運命とたたかいます。ここに勇気があります。しかも、石工職人に、石箱に穴をあけるように依頼し、菜種の種子をもたせるという、知恵をはたらかせて、殺人に抵抗します。

『誰も知らない』の子どもたちは、親にすてられた運命に直面してはいても、長男の明を中軸として、最初は、ひっそりと耐え忍びながら、なんとか面白いことを見つけて、貧しくとも楽しい食事をして、仲良く眠るという生活をします。

明の、一本に結ばれた口と、全てを射抜くような眼は、自分たちのおかれた過酷な運命と直接、対峙する勇敢さを示しています。しかも明は、犯罪に手をそめないで生きていくために苦闘します。

はじめてできた男子の友人たちから犯罪を強要されても、これに応じることができません。はじめてできた女性の友人である水口紗希からの援助も、その金が援助交際でつくられたことを知ったとき、彼女から必死で逃走します。

援助交際による金を受け取ることは、自分たちの運命を作り出したかもしれないと明が思っていた母親のだらしなさを、認めることだったでしょう。これは、明が今までたたかってきた運命にひれ伏すことだったでしょう。

明は、電気や水道が止められても、兄弟で生きていくために奮闘します。妹の京子も、明とこぜりあいをすることはあっても、自分の貯金を明にわたして生活に協力しようとします。しかし、兄弟にとって最大の仕打ちは、末の妹である、ゆき、の突然の死でした。

明は、コンビニで親切にしてくれた人に、警察や施設の援助を得たらどうだという示唆を受けたことがありました。このときの回答は、もしそうしたら、兄弟がばらばらにされ、一緒に生きていくことができなくなるから、その方法はとらないということでした。

四人は、運命を共有するところに意味がありました。ばらばらで生きていても意味はないと思っていました。四人は、強い共感をもち、立場の相互置換の能力をもっていました。

ですから、ゆきが死亡することは、運命に敗北することでした。明は、水口紗希とともに、ゆきの埋葬をします。そのとき語ることは、ゆきの遺体が冷たくて気持ち悪かったということです。冷たいとわかることは、遺体はすでに、ゆきではないと知ることです。ゆきは奪われ、残されたものは何なのか。運命は、なぜこのようなことをするのか。理解できない恐怖を、明は感じます。

「旅人馬」と水口紗希

昔話の「旅人馬」は、血縁関係もなく、家族でもなく、社会的背景も違う二人の子どもが、助け合う話でした。この二人にしても、「月と星」の場合と同じような、相互理解と、運命の共有があり、子どもの勇敢さを示しています。その意味では、「旅人馬」もまた『誰も知らない』に流れこんでいるということができるでしょう。

『誰も知らない』において、血縁関係のない水口紗希が登場することで、「旅人馬」だけがもっていたテーマが登場しています。「旅人馬」では、二人の子どもは、両者の社会的背景である、富者と貧者の違いをのりこえています。

「金持ちの子」は、山姥によって馬に変えられ、人間の世界から滑落します。しかし、この友人を助けるために「貧乏の子」は奮闘し、山姥の魔術を破ります。

水口紗希の登場は、四人を、外の世界の、血縁的に無関係の人でも理解できることを示しました。紗希は、学校で、葬式ごっこの被害にあい、いじめに苦しむことで、自己の理解力と共感力を広げました。紗希は、それなりに裕福な家庭の子どもとして描かれています。

しかし昔話の「貧乏の子」が社会的背景をのりこえていたように、紗希もまた、四人と自分の間の社会的背景の違いをのりこえます。これは、子どもたちが、手をつなぐための、大きな力をもっていることを示しています。

社会が四人を差別する壁が強くあることは、明がつくった男子の友人が、すぐに離れていくことで示唆されています。しかし紗希が登場したことは、わたしたちの社会の可能性と、すすむべき道を示すものとして重要でしょう。しかも、この方向性は、すでに、昔話の「旅人馬」から流れてくるものとみなすこともできるでしょう。

⑤是枝裕和『万引き家族』

『万引き家族』が二〇一八年の第七一回カンヌ国際映画祭でパルムドール賞を受賞したことはよく知られていることでしょう。この映画は、その他の受賞も多く、これに対する評論も多く出されています（https://gaga.ne.jp/manbiki-kazoku/　二〇一九年五月一〇日閲覧。本書での引用はすべて、是枝裕和『万引き家族』ポニーキャニオン、DVD、二〇一九年、からです）。

本書では、この映画と昔話の関係が問題になります。「月と星」は、親から殺されようとする子どもである「月」を、「星」が守る話でした。「旅人馬」は、血縁のない子どもが、友だちだというだけで助け合う話でした。『誰も知らない』は、親に捨てられた子ども同士が相互理解し、助けあう話です。

どの話でも、法的保護もなく、血縁的保護もなく、隣人の保護もない子どもたちが、勇敢に助けあいます。この助け合いは、法や、親や、隣人に強制されたわけではありません。それでも助けあうこと、これは、子どもの自由なおこないでしょう。

この問題を、大人にひろげますと『万引き家族』になると思われます。戸籍や多くの法的保護によるのではなく、血縁という既成観念にしばられるからでもなく、隣人の監視に耐えることが目的でもなく、人は相互に理解しあってくらしていけるのか。

このような大きな問題が扱われています。おばあさんである初枝、男性の治、女性の信代、二三歳の女性・亜紀、一〇歳の少年・翔太、五歳の少女・ゆり、この六人が、それぞれの偶然の事情で、同居してくらします。

楽しいわが家

六人は、狭くてきたないながらも楽しいわが家をつくっています。初枝は年金を提供し、治は翔太と万引きを「仕事」とし、信代はクリーニング屋を解雇されても、ゆりを自分の子どものようにかわいがります。亜紀はキャバクラで働いていますが、初枝に、なついています。みんなで海にいったり、花火大会の音を自宅できいたりして楽しみます。

通常の家庭なら、法や社会規範や血縁などが基礎になります。この基礎の上で相互理解がありますす。ところが、昔話の「月と星」などは、血縁や社会規範が、むしろ敵として登場します。親には殺されようとしますし、近隣の人たちも助けてくれません。その意味で捨てられてもなお、助け合う子どもの気持は本物だったでしょう。

『万引き家族』も同じ問題を設定しています。メンバーの全ては、社会から捨てられています。老人の初枝は夫と子どもから捨てられました。信代は夫の暴力から逃げてきました。翔太は閉めきった車の中に親から置きざりにされました。ゆりは親に虐待されました。亜紀は親の愛情を受けることができませんでした。治はけがをして日雇いもできなくなります。

お互いに、相手をお荷物だと思うこともできたでしょう。相手を支える義務などないと思うこともできたでしょう。この中の一人でも、強いエゴイストになれば、この共同体は崩壊したでしょう。つまり、この人たちの共同性を担保する法や血縁などが、ないところでできている共同体です。相互理解のみが、共同生活を支えていました。

初枝は、海水浴に出かけた浜辺で、みんなに感謝の気持をもちます。治は、翔太にお父さんと呼ばれることを夢見ています。信代はゆりを抱きしめて幸せでした。亜紀は初枝に甘えるのが好きでした。翔太も、ゆりを妹のように大切に思っています。ゆりはこの家族で、はじめて幸せになりました。

正義による家族の破壊

翔太が成長して、一般社会と自分たちのズレに気づきはじめます。万引きや窃盗に疑問をもちはじめ、家族に社会常識を持ち込みます。翔太は、ゆりの万引きをかばうために、警察に逮捕され、ここから、すべてが崩壊していきます。

警察官は正義感のある立派な人で、法を持ち出し、血縁を持ち出して、彼らの共同体を破壊します。もともと「壊れていた家族」から避難した人たちが作った「新しい家族」は、「壊れていた家族」を支えていた正義と常識で破壊されます。

メンバーは、もとの壊れた環境の中に引きもどされます。昔話「月と星」でも、もとの環境そのものは残っており、再び親に殺される可能性は消えていません。この映画も、この問題を、あえて残しているのでしょうか。

8 親子の共感

ここでのテーマは、老人と若い人の間での共感、すなわち立場置換による理解可能性の問題です。姥捨てについては「昔話」は、すべて否定しています。姥捨てをやめるために、捨てる子ども、捨てられる親の間の、立場置換を通じた理解と共感が語られます。

関敬吾が集めた姥捨話は、捨てる側が反省して、親殺しをやめるものです。やめる自覚にも三通りあります。第一に、老人の能力を尊敬して姥捨てをやめます。第二に、親が子どもに愛情をもっていることに感じて、棄老をやめます。第三に、自分もやがて老人になって殺されるから、親を殺すことは自分を殺すことだと思ってやめます。第一から順に述べます。

①親捨て山

老人の知恵を尊敬して、親殺しをやめる話は「親捨て山」としてまとめられています（引用は『大成九巻』二五一～二六九頁より)。全国で八一話あります。これに加えて同類の「蟻通明神《ありどおしみょうじん》」が三話ありますので、あわせると八四話になります。

これは隣の国や、隣の村から提起された難問に、老人が回答を提供して、子どもも、その国や村を統治していた殿様や、村の支配者も、棄老をやめるという話です。その一つを紹介します。

「昔は七〇歳以上の年寄りは山に捨てるというきまりがあった。ある村に一人の親孝行の若者があった。その親がもう七〇歳になり、いよいよ山に捨てることになった。だがこの若者はたいへん親孝行者であったから、山まで負っていったがかわいそうになってまた連れもどって、家の納戸に隠しておいた」。

ここで「きまりがあった」とされていますが、この「きまり」は、ほとんどの話では、「殿様」の命令です。少数ですが村長の命令もあります。親の殺害は、自分の意志というより、「殿様」や「村長」の命令であるといいたいようです。しかし、この青年の場合には、そのような権力者の命令に触れるリスクがあっても、親をかばいます。

この話で、親殺しをやめるのは、第一の理由です。老人は知恵をもっていることを尊敬するという理由です。

たまたま「殿様」が隣国から(「村長」の場合は隣村から)難題をもちかけられます。難題の内容は、どの話も、ほぼ同じです。馬の兄と弟の見分け方とか、木の枝の根と先の見分け方とか、灰で縄を作ってみろというようなものです。青年は、この問題の解答を、納戸に隠した親におしえてもらって殿様に報告します。

この話にとって、難題の内容はどうでもよいでしょう。ただ、老人には知恵が累積しているのだから、社会的に必要な面を持っていると殿様も気づいて、親殺しをやめさせたことになっています。

親捨てをやめる第二の理由として述べられているのは、親の愛に気づくことです。これはいくつもの話にでてきますが、親を山に運んでいるとき、親は、草を取ってはこれを結んで捨てたりしています。

その理由をきいた息子に、親は、息子が帰り道にまよわないように道標をおいていると答えます。このとき息子は親の愛情に気づいて、捨てるのをやめて連れて帰ります。この場合に親殺しをやめるのは、息子本人であり、殿様の命令の解除ではありません。

第三の理由を述べている話もあります。それが、立場の置換であり、次の「親捨て畚《ふご》」です。

②親捨て畚《ふご》

この話では「婆さんの子どもと孫」が登場します（引用は『大成九巻』二七〇～二七四頁より）。息子と孫は「婆さん」を、

「山に行っちふて（捨て）たんと。そしたら孫になる人が『お父っつあんお父っつあん、こん畚《ふご》（かつぎもの）持っち帰ろうえ』『どうしちそげんこというな、もうこれや要らんじゃねえな』ちいうたんと。」

父は、このように答えたとき、自分が老人になったとき、孫は、この畚をつかって、今度は自分を捨てなければならないことを、悟るのです。そこで「年寄りをふてるとまた自分もふてられんならん」と言って、「年寄り婆さんを連れち帰っち大事にした」とされています。

この話では、若いものが老人の立場にたって、老人の立場と自分の立場を置換して考えることに成功しています。

③関根勝『更級の月』

関根勝は、能の「姥捨」を基にして『更級の月』を作り、二〇一七年一〇月一二日に、東京のムジカーザ（Musicasa）で公演しました。女優の「まごいずみ」が老婆を、バリトン歌手の増原英也が息子を演じています。作曲とピアノ演奏が石川潤一です（関根勝『更級の月』Theatre Project Si、DVD、二〇一七年、引用は、全てDVDからです）。

関根の姥捨て批判は、昔話との関係で言えば、第二の、愛情に基づく批判を継承したものです。演劇ですから、筆者がここで文字で書いても、舞台のすばらしさは伝わらないのですが、そこは許していただいて、内容を紹介しようと思います。

舞台は、息子の嘆きからはじます。「いやだ、いやーだよ、おっかあを山に捨てるなんて」と母の山行きに反対します。息子は母が「おれんちの要なんだよ、いやーだよ、いやーだ」と繰り返します。特に、この母子の家庭は庄屋さんであったようです。息子は、庄屋は姥捨てをしなくてもよいという例外規定があることを強調します。

しかし母は「庄屋こそが、百姓衆に手本を見せないで、なんとする」と、自分の意志を示します。「村には還暦をすぎたら山に入るという掟がある。おれは決めた」と言います。しかし息子は納得しません。さびしくなるからやめてくれと訴えます。

母は、苦しみをまぎらわすために、月の美しさを見ようとして、「苦しければ苦しいほど、自然の美しさに心をうごかし、心豊かにくらすことだ」と諭します。しかし反対する息子は同意しません。

ならば、息子が自分の好きな歌をうたって悲しみをのりこえるように、母は示唆します。そこで息子は、イタリアの歌を、朗々と、うたいます。

この歌は、死にゆく息子が母にわかれを告げるものです。息子は、それほど悲しいと言いたいのです。しかし母の決意は変わりません。ならばここでいっしょに野宿すると主張しますが、母は二人の思い出を語り息子を落ち着かせようとします。

納得しない息子に母は、月の歌を勧めます。息子は、春夏秋冬の月の美しさをうたい「お月さま、心の苦しみをやわらげ」てほしいと祈ります。

掟に従おうとする母と、別れたくない息子との葛藤は、結局、母が勝利し、息子は追い返されます。

しかし息子は、翌朝一番に母を迎えにきます。しかし、これを見越した母は、誰も知らない洞窟にかくれて出てきません。息子は、徹夜して作った、「おっかあへの歌」をうたうから出てきてくれと懇願します。息子は歌います。

いつも笑顔をうかべ／　子どもたちをねかせ
昔話をきかせる／　やさしいおっかあ
いつも笑顔をうかべ／　子どもたちをすわらせ
針仕事をしている／　やさしいおっかあ
ああー／　ああー／　ああー／　ああー／　おっかあ

息子は母に、かくれんぼうをやめて、出てきてくれと呼びかけます。一日中、母をさがして、日暮れになります。やがて月が出て、月と浄土の歌をうたいます。

…………

いにしえの世界に／　いってみたい
時空をこえた／　だれもしらない
遠くにある／　浄土の世界
波にかがやく／　黄金の道
砂浜から／　月へとみちびく

…………

夜が更けて心細くなった息子は「もううたえない。おっかあを山に捨てたことを謝る。もう勘弁してくれ、一緒に家に帰ろう。みな待ってる。おっかあ」と絶叫します。

舞台が変わります。最後まで、息子に見つからないようにかくれていながらも、まだ成仏できない亡霊として、息子のうたを、陰できいていた母は、語ります。

われは／　ちくま（千曲）の里より／　この山にすてられし
女の亡霊なり
われ世にありしときは／　四季をとわず／　月をめでしなむ
…………
わがせがれ／　翌朝に迎えにまいりしが
われはほかに／　みをかくした
さがしあぐねて／　泣き出すせがれ／　その姿に泣く
親子の情けにしのび泣き／　心中にてせがれに別れをつげた
涙にくれたせがれは／　たちあがり／　ちからなく山をおりていった
わが心に／　あふるる愛をのこして
われはせがれの／　愛にささえられ
やすやすと／　三途の川をわたりしも
…………
夜もしらじらとあけてまいらば／　これまでなりや
われも山の奥にまいろう

関根のこの歌は、姥捨てがいかに人の情に反するかを、ひしひしと訴えています。これは、昔話の伝統を、結果的に、復活させているとも言えます。

たしかに現代において、親を山にすてることは、ないかもしれません。しかし、別のかたちの姥捨てがないと言い切れるでしょうか。関根のオペラは、この点について、胸にささる問いかけをしています。

9 正義のための協力

通常、サルカニ合戦としてまとめられている話には、きわめて多くのバラエティがあります。しかし大枠的に整理しますと、サル（猿）が、ヒキガエルやカニ（蟹）などを「いじめる話」と、カニが他のハチ（蜂）などの「隣人と協力して反撃する話」の組み合わせで、できています。単にいじめる話であれば、前に2で述べた「弱肉強食」の世界です。ここでは、だましたり、だまされたりして、強者が生き残る、殺伐とした世界でした。サルカニ合戦の話が、このいじめの話でおわりますと、「弱肉強食」と同じになります。

サルカニ合戦の特徴は、このいじめに対して、複数の隣人が協力してたたかうことです。隣人は、被害者に共感する能力があります。被害をうけていない隣人が、被害をうけている人の立場に、自分をおいて考えることができます。つまり、隣人は共感あるいは「立場置換の能力」をもっています。この点については、前に7で述べたことと重複します。

このサルカニ合戦だけの特徴は、自分がリスクを負うことを覚悟したうえで、被害者をたすけるためにに協力してたたかうことです。

協力する理由は、いじめをやめさせることです。つまり、いじめは良くないという正義感があります。ですから、協力は正義のための活動です。これを本書では「正義のための協力」と呼ぶことにします。

まとめますと、サルカニ合戦には、第一に、2の弱肉強食が出てきており、その結果、いじめの加害者と被害者がいます。さらに、隣人が登場しますが、この隣人は第二に、7の「立場置換の能力」をもっています。

そこで、サルカニ合戦のみが持っている第三の独自の性格は、隣人が、いじめは良くないという正義感をもっており、被害者をたすけるために、自分がリスクを負うことを覚悟して協力してたたかうことです。すなわち「正義のための協力」を実行する能力をもっています。では、実際の話を見てみましょう。

①サルとヒキガエルの寄合田

この話では、あるところにサルとヒキガエルが住んでいたところから始まります（引用は『大成一巻』一二七～一三〇頁より）。二人は「共同して田を掘った」とされており、協力して田を耕すことになっていました。

しかし、ヒキガエルが田植えの時期になって「『猿どん、猿どん、田植えしまいか』というと、『今日はこんによ腹が痛め候』と、仮病を使って猿は仕事に出なかった」のです。

そこでヒキガエルはひとりで田植えをするのですが、田の草取りのときも、稲の刈り入れのときも、サルは「こんによ腹を痛んでいる」と言って、ヒキガエルがひとりで働きました。

ところが、米の収穫がおわって、ヒキガエルがサルのところへ行って、今日は取れたお米でモチをつくと話しますと「さるははね起きてきて」もちをつきます。

その後「いよいよ食べるときになったが、サルの発議でただ分けて食べるのもつまらないから、臼のまま転がして、拾い当てたもの」が食べることにしました。

サルからすれば臼を山の上からころがして、臼の中のモチを独占する計画です。山の上から臼を転がせば、これを追いかける能力は、サルの方がヒキガエルよりもはるかにすぐれているからです。これは非常に不公平ですが、このような話の類話は、全国で一〇話採集されています。

②猿の夜盗

今度の話の登場人物はサルとカニです（引用は『大成一巻』一四二〜一四四頁より）。しかし話は前と同じ内容をもっています。つまり、サルとカニが、落穂ひろいをして、モチつきをします。しかし、サルは、山の上から臼をころがせばカニは追いつかないだろうから、モチを自分で独り占めできると思って、カニをつれて、山の上でモチつきをします。

モチつきが終わりますとサルは計画どおり、臼を山の上からころがして、自分は「ぽんぽん跳ねてぼっかけ（追っかけ）」ていきました。カニは、とても追いつかないので「泣きながら下りて」いきました。

ところが臼がころがるときに、モチが臼からこぼれてしまって、竹やぶにひっかかります。これに気づいたカニが、このモチを食べていますと、サルがこれをみつけて、自分にも食べさせるように要求します。しかしカニは、サルは「臼さ入ってるのを食んだ」から、これは自分が食べてもよいはずだといって、了解しませんでした。するとサルは、

「真っ赤になって怒ってしまって、『そんだらこれから山々の千匹猿集めで、蟹の甲羅ぶっぱなしてける』といって、山に行った。その後に蟹は『あえん、あえん』と泣いていた。」

ここで隣人が登場します。まずドングリが来て「泣きとらな、泣きとらな、俺あ助太刀さ、へあんて」といって、なぐさめます。つぎにハチ（蜂）と、「牛の糞」と杵《きね》と臼が来ます。合計五人の隣人があつまってきます。

しかも、五人は、傍観して帰っていくのではなく、いじめられたカニの立場に、自分をおいてカニの苦境を理解します。まさに隣人は「立場置換の能力」をもっています。

しかも五人は、単にカニの立場を理解するばかりでなく、いじめをやめるべきだという正義感をもっています。そのうえで、いじめとたたかう戦術を相談します。こうして「正義のための協力」がはじまります。

臼と杵は、イエの梁の上にかくれ、牛の糞は庭の隅にかくれ、ハチは窓にとまって、カニは水槽（水ぎっち）の中にかくれ、ドングリは炉の中にはいりました。

「そうしたところさ、猿が入ってきて、炉に踏んまたがり、『あ寒いあ寒い』といって、火をポカポカと掘っげあした。そしたばどちんとドングリははねて睾丸やけどした。『熱ちであ、あちであ』といって、台所の水ぎっちで冷やそうとしたら蟹にジャキンとはさまれた。『ああ痛であ、痛であ』というところを、ぎっちゃりど蜂に、頬っぺた刺されで、泡食って外さ逃げる拍子に、牛の糞ですらっと滑べらして、ずてんとひっくりげあたところさ、臼と杵がのちんと落ぢできて、猿あがっつぶされだ。」

この話では、隣人の「立場置換の能力」と「正義のための協力」によって、サルの2「弱肉強食」によるいじめを阻止しています。この話の類話は、全国で三話が採集されています。

非常に似通った話は、いくつもありますが「サルとカニの寄合田」（『大成一巻』一四五～一四六頁）もおなじテーマです。他にも類話は、全国で一四話確認されています。

さらに「ホーラのマーヤ」（『大成一巻』一五〇～一六四頁）は、弱い人をいじめて自分だけ身勝手な行動をする者を処罰する話です。この話は、全国で五八話が採集されています。

弱い者たちが協力して、筆者の言う「正義のための協力」をする話は、その他にも、きわめて多くあります。例えば「馬子の仇討」（『大成一巻』一六五～一六七頁）、さらに「爺と猿」（『大成一巻』一六七～一六八頁）も同様です。さらに次の話も、基本は同じですが、その趣旨はさらに明確です。

③雀の仇討ち

むかし雀が、葦が三本生えている中に「巣作って、毎日ツルン、ツルン、ツルンチョン」と鳴いていました（引用は『大成一巻』一六八～一七七頁より）。やがて雀は三つの卵を産んで大事にしていました。すると山から猿がきて、

「『雀な、雀な。卵ひとつけってけろちゃな』『たった三つしか産《な》さねもの、けらんねな。ひとつだて猿どんさけらんねな』『んだらば、晩げ、よいちぶち（夜討ち）来っつお。おめどこまづら（おまえも一緒）喰ってけっさげて、良いが』。」

このように、サルは雀をおどして、結局二個の卵を食べてしまいます。さらに最後の一個をよこせと脅迫しますが、雀は必死で抵抗します。サルは、「今夜は、よいちぶち来っさげて気をつけろ」と言い残して山に帰ります。

雀は、今夜は、最後の卵も自分も猿に食われてしまうと思って「困ったな、困ったな」と鳴いていました。すると、そこに「かめハチ（雀蜂）」がきて、「雀な、雀な。なしてほんげ鳴ぐどごや」と心配しました。

雀は、サルに卵が二つ食べられてしまったことを説明し、「ばんげよいちぶちに来て卵どおらどごも一緒に呑んでしまうていうなよ。困って、悲しくて鳴いったなよ」と、追いつめられていることを話しました。

するとハチは「よし、よし、ほんねばえ。俺が敵討ちしてけっさげな。必ず猿ばやっつけで敵討ってける」とはげましました。雀の鳴き声を聞いたのはハチだけではありませんでした。「水際から蛇ノロノロノロど這《は》って来て」雀に声をかけ事情をききました。

蛇はそれにこたえて「おれが猿どご敵討ってやっつけでけましょ。心配しねでいろ」と言います。さらに、「畳刺し針」も出てきて「おめ声は三里向こうまでも聞こえっと」と事情をきくので、雀が、また事態を説明します。

すると「畳刺し針」は、「おめの代わりに、猿ば懲りらがしてける。必ず、やっつけでけっつお」

と支援を約束しました。
そこに「丹波栗」も駆けつけて、猿を「うんと懲りらがしてくっへっぺ。猿あ、今にみでろ、バイン、てやっつけでくへっぺ。ほんげ雀の卵なの喰って、むずせごどな」と言った。さらに、雀の泣き声をきいた臼や「牛の糞」も助けにきます。
この話で、助けにきたのは、日ごろは目立たない者ばかりです。しかし、ひとりひとりは弱いのですが、みんなで助けあいます。重要なことですが「みんなどご集めで、敵討ちの相談」がされます。それぞれの役割が考えられ、効果的な攻め方が決められます。

「かめ蜂はさまぶち（高窓の縁）、丹波栗はほど（囲炉裏の中心部の灰の熱い所）さ隠れて、畳刺し針は部屋の布団の中、牛の糞は馬屋の前のうす暗れ土間さ、蛇は味噌桶さ入り、臼殿は馬屋の上さ隠れで、それぞれ相談しったとおりに猿ばやっつけるごどで待っていだど。」

夜になるとサルが「踊りながら」やってきて囲炉裏で火にあたると丹波栗がバンとはじけてサルの股を攻撃し、サルが味噌で手当てをしようとして味噌桶に手をいれると蛇が食いつきました。サルが布団の中に逃げますと畳刺し針に刺されて、逃げ出しますとハチに刺され、馬屋に隠れようとしますと、牛の糞でズデンところび、そこに臼が落ちてきてつぶされてしまいます。この話の類話は、全国で一七話が採集されています。

サルカニ合戦の特徴は、隣人にありました。この話では、六人の隣人が登場します。かめハチ、蛇、畳刺し針、丹波栗、臼、牛の糞の六人です。

この隣人は、いずれも、雀の立場に自分をおいて雀を理解する「立場置換の能力」をもっています。しかも、傍観するのではなく、いじめに対抗して「正義のための協力」(サルカニ合戦で特に示される能力)を実行します。このたたかいによってサルの「弱肉強食」を打ち破っています。

サルカニ合戦と現代社会

これまで述べてきた種類の話をひとつのグループとして、それにサルカニ合戦という名前をつけることは可能でしょう。しかし、その理解には、やや注意が必要になります。

第一に、この話では、サル一般すなわち全てのサルがいじめをすると書かれているわけではありません。ここに登場するのは、すべてのサルではなく一匹のサルにすぎません。しかも、物語をなりたたせるためには、かならずしもサルである必要もなかったように思われます。一匹のキツネでもよかったし、熊でもよかったでしょう。ですから、この話を、人間の世界に戻すとき、サルを、ある支配的身分や、支配的階級に戻すことはできません。一人のいじわるな人、あるいは悪事をはたらく人に戻す必要があります。

第二に、被害者も、カニ一般ではありません。すべてのカニがおそわれるわけではなく、一匹のカニが被害をうけます。しかも話の都合上、被害者は、かならずカニである必要もありませんから、ヒキガエルの場合もあり、雀の場合もあります。

ですから、この話を人間の世界にもどすときは、被害者も身分や階級というような集団に、そのまま戻すことはできません。一人の、いじめられている被害者です。

第三に、サルはカニよりも体が大きいし、木に登ることができます。早く走ることができますし、この意味で、カニよりも強い力をもっています。

しかし、強い者は、全てこのように悪事を働くと書いてあるわけではありません。強い力をもつ大勢のサルの中で、一匹のサルが悪事を働いているにすぎません。

ですから、この話を人間世界にもどすとき、強い人の全て、たとえば社会的な力をもっている人の全てが、悪い性格をもっているという理論を呼び出すわけではありません。

大勢の強い人たち、あるいは豊かな人たちの中に、一人の、いじわるな人で、殺人すら行う人がいたということになります。

第四に、くりかえしになりますが、サルカニ合戦の構成要素は、まず弱肉強食のエゴイストが好き勝手なことをして、弱者をいじめることです。次に、被害者の隣人が登場します。隣人は、被害者の立場に自分をおいて相手を理解する「立場置換の能力」をもっています。しかも、傍観するのではなく、いじめに対抗して「正義のための協力」（サルカニ合戦で特に示される能力）を実行します。

④原恵一『クレヨンしんちゃん・オトナ帝国の逆襲』

「クレヨンしんちゃん」は、一九九〇年に『Weekly 漫画アクション九／四号』で連載が開始されています。一九九二年には、テレビ朝日系でアニメ放送がはじまり、その後は、二〇一九年四月までに、映画だけで二七本をかぞえます。

「クレヨンしんちゃん」の持つ大きな意味は、このテレビ・アニメが、ヨーロッパの主要国をはじめ、北米・南米、さらにアジア諸国で、合計三六の国と地域で放映されていることです（「クレヨンしんちゃん」公式サイト https://www.shinchan-app.jp/about/　二〇一九年五月一〇日閲覧）。イギリス、ドイツ、フランス、イタリア諸国をはじめ、ヨーロッパの多くの国で愛されています。スペインでは二〇〇三年に「キャラクター・オブ・ザ・イヤー二〇〇三」を受賞しています。

日本のアニメが、世界各国で、これほど受け入れられていることは、何を意味するのでしょうか。一面では、アニメ制作の技術もあるでしょう。マンガの伝統をひくギャグやユーモアもあるでしょう。しかし、それだけではないと思われます。

本書の観点から見ますと、「クレヨンしんちゃん」は、日本の昔話の伝統を、強く継承しているところに、作品の、目にみえない強さがあるのかもしれません。「弱肉強食」、「独立心」、「立場置換のできる個人」、「正義のための協力」というような昔話の各要素を継承し、これを総合してなりたっています。

別の言い方をすれば、サルカニ合戦の構造を、そのまま継承しており、現代版サルカニ合戦ともいえるでしょう。この話が、ヨーロッパをはじめとする諸国で受容されていることは、日本の昔話の伝統が、実は普遍的な内容を持っていることを示唆しているでしょう。

民俗学の研究では、日本昔話が、グリム童話やイソップの寓話と共通する面が研究されていますが、本書は、日本昔話の地下水から流れ出る泉が、日本の現代社会でも生きていることを示そうとしています。これは現代社会における、わたしたちの気持のありかたの一面を示します。すなわち、日本のわたしたちの気持は、ヨーロッパをはじめとする世界のひとたちの気持と、実は通じているのでしょう。

日本は他の国と違った特別の国であるというユニーク論や、世界で唯一の文化を持っているというような日本理解は、問題をはらんでいることを意味しています。

では、「クレヨンしんちゃん」を見てみましょう。本来ならテレビ・アニメと映画を、網羅的に見る必要があります。しかし、ここでは、とりあえず、一つの映画『クレヨンしんちゃん・オトナ帝国の逆襲』を使います。

この映画は二〇〇一年に発表されており、やや古いものですが、今でも多くの人に楽しまれています（臼井儀人原作・原恵一監督／双葉社・シンエイ・テレビ朝日・ADK『クレヨンしんちゃん 嵐を呼ぶ モーレツ！オトナ帝国の逆襲』バンダイビジュアル株式会社、DVD、二〇〇一年。以下映画の内容の引用は全て、このDVDから行います）。

弱肉強食

第一に、この映画が、「弱肉強食」の観点を継承していることについて見ます。本書の最初でみましたキツネの役割、あるいは、サルカニ合戦のサルの役割を演じるのが、秘密組織「イエスタディ・ワンスモア」のグループです。

このグループ「イエスタディ・ワンスモア」の名前の由来は明示されませんが、もちろんカーペンターズの歌からきているのでしょう。カーペンターズは、「若い頃にきいた歌が今もよみがえり」、なつかしい思い出でわたしたちを包むとうたいます。

秘密組織のボスは、ジョン・レノン風の男でケンと呼ばれます。ジョン・レノンが、やや空想的で挑発的な人生を送ったように、ケンは、時代が二一世紀に移行すること自体に挑戦しようとします。二〇世紀の頃は、次の世紀は素晴らしい時代になるという夢をもっていたと言います。

ところが二一世紀になってみると腐敗に満ちたものであることがわかったので、もう一度、二

○世紀からやりなおすことが必要だ、とケンは思ったのでしょう。

ケンが、このような趣旨の歌を一人で歌っているだけなら、無害な人物でしょう。しかし、この独善的な夢を、洗脳と武力で、実行するところから「弱肉強食」の強者として登場します。夢も、使い方によっては凶器となります。夢による洗脳は精神的なテロであり、武力を使うのは古くからの愚かな内戦です。

ケンは、「二〇世紀博」なるものをおこない、この中に、二〇世紀の町を復活させます。この町は「昔は良かった」というノスタルジアだけで構築されていますので、極端に美化され、人びとを誘惑します。

誘惑の手段は、「におい」という、目に見えないものです。夢は目に見えません。イデオロギーも目にみえません。人びとをだまし、幻惑する手段として「におい」を使うというのは、よく考えられています。

ケンは、二〇世紀の町を拠点としながら、その外の世界に、二〇世紀の「におい」を噴霧することで、社会全体を変えるという革命計画をもっています。

この「におい」で大人たちは、過去に連れ去られます。子どもたちも、ほとんどが暴力的に拉致されます。これが、ケンの革命第一段階であり、第二段階が、「におい」を、巨大な噴霧器で、噴射して、社会全体を二〇世紀化することでした。

しんちゃんの独立心

ケンの革命第一段階の最中に、昔話の重要な要素である「独立心」のある個人が登場します。それが、しんちゃんと、その友だちです。しんちゃんたちには、洗脳が通用しません。しんちゃんたちは、父や母が極端に変化し、言語不通になる事態を、おかしいと痛感します。そこで、拉致されることも拒否して、逃亡します。この逃亡者に対して、軍事的拉致作戦が行われます。

しかし、しんちゃんたちは、サルカニ合戦にあった「正義のための協力」の力をもっており、子どもたちで、奇想天外な作戦や、カーチェイスを繰り広げ、壮大な逃亡劇を演じます。

逃亡劇の中には、多くの娯楽的な要素がはいっており、逃亡を楽しいものとして見ることができます。実は、娯楽的要素が入ること自体が、「弱肉強食」における強者の洗脳に対するアイロニーになり、批判になり、否定になっています。

しんちゃんの「立場置換能力」

逃亡劇は、やがて敗北し、しんちゃんと、妹のひまわりと、犬のシロ以外の子どもたちは、監禁されてしまいます。この段階で、しんちゃんたちは孤立しますが、話は、次の段階にすすみます。

サルカニ合戦の場合には、助けにくるのは隣人でした。しんちゃんの映画では、隣人が、しんちゃんで、被害者が大人たち、とりわけ、しんちゃんの父と母です。しんちゃんは、まず父母を覚醒させ、他の人たちの救済に進もうとしますので、まず父を救出しなければなりません。

ここでの隣人愛は、家族愛として出現します。大人たちは時間を巻き戻されて子どもになっているわけですが、しんちゃんは、その子どもの中に、父を発見します。

しんちゃんは、父の内面を理解します。父は過去にいることを知ります。ここには「立場置換」の能力が、いかんなく発揮されます。ならば父の救助は、時間を現代にもってくることでしょう。独立心のある、しんちゃんが考えだした作戦は、「におい」には「におい」で対抗することでした。

過去の「におい」を追い出し、現代の「におい」を取りもどすことが必要だということになります。しんちゃんは、父の現代の「におい」のシンボルとして靴の悪臭を使います。この悪臭は、父が、現代社会でサラリーマンとして働いた生活と苦労と幸せの結晶です。この「におい」作戦は成功し、父は覚醒し、母も目覚めます。

正義のための協力

その後は、秘密組織の革命第二段階を阻止するために、しんちゃんの家族全員の「正義のための協力」（サルカニ合戦）の能力が発揮されます。ケンが、二〇世紀の「におい」を噴霧するために制作した巨大噴霧器を起動するのを、阻止することが目的です。

噴霧器は、東京タワーを模した鉄塔のはるか上部におかれています。しんちゃんの家族は、必死に階段をかけのぼります。途中でケンの部下の武装集団との死闘もありますが、家族の団結と勇気でたたかいます。

起動装置のある鉄塔上部にたどりついたのは、ボロボロになったしんちゃん一人でした。しんちゃんは言います。自分も生きたい、恋愛もしたい、幸せな家族もつくりたい。

そのために現代（二一世紀）を維持する以外の選択肢はない、という趣旨を訴えます。ここで、あきらかになったのは、テロリストであるケンは、現代社会で生きる人たちに共感し「立場置換」して理解する能力がなかったことです。

ケンは、本書で書いてきた日本昔話の重要な要素である「立場置換」の要素に敵対することによって敗北しています。「弱肉強食」の力は、「立場置換」の力によってつながった普通人にはかなわないのです。

ケンは、自分の「におい」拡散装置の起動のシーンをテレビ放映するつもりでしたが、結果的に、ケンとしんちゃん一家とのたたかいを、放映してしまいます。この映像は、二〇世紀の町に監禁されて洗脳状態にある人たちにも、テレビ中継で見られてしまいました。

しんちゃんの洗脳破壊のための挑戦と勇気は、テレビ視聴者をうごかし、ケンの支持者は急速に減少します。人びとの二〇世紀回帰願望が、噴霧装置にエネルギーをあたえる仕組みだったようで、この願望がなくなることで、エネルギーはなくなり、装置は崩壊します。

しんちゃんの、この映画は、独裁者もまた、普通人のわたしたちの支持を得なければ、何の力もないことを示しており、この点でも、政治学的にすぐれたものになっています。

⑤岸本斉史『NARUTO・ナルト』

サルカニ合戦の流れをひくアニメとしての条件は、第一に「弱肉強食」のエゴイスティックな個人が登場して支配的な力をもっており、この人たちが、弱者をいじめていることでした。

第二に、このいじめに対抗して隣人たちが協力して被害者を助けることでした。この隣人たちは「独立心のある個人」であり、弱者を含む誰に対しても「立場置換の能力」をもっており、リスクをおそれず「正義のための協力」をして活躍します。

このようなサルカニ合戦の流れをひくアニメなどは多くあると思われます。筆者も、そのようなマンガやアニメや映画について、もっと学びたいと考えていますので、他のマンガやアニメおよび映画などを、ぜひ読者の方にご教示いただきたいと思います。

とりあえず、ここではもう一つ、岸本斉史の『NARUTO・ナルト』だけを取りあげてみたいと思います。

岸本斉史の『NARUTO・ナルト』は、一九九九年より二〇一四年までの一五年間にわたって『週刊少年ジャンプ』に連載されました（岸本斉史『NARUTO・ナルト』巻ノ一、ジャンプ・コミックス、二〇〇〇年、および同単行本シリーズ、巻ノ七二、二〇一五年、集英社）。

『NARUTO・ナルト』は、単行本のシリーズとしても、二〇〇〇年から二〇一五年にかけて刊行されました。その巻数は七二巻におよびます。その他テレビ・アニメやＤＶＤなどが非常に多くあります。歌舞伎にもなっています（https://www.kabuki-bito.jp/theaters/kyoto/play/572、二〇一九年五月一〇日閲覧）。

単行本だけでも、七一巻まで発売されていた二〇一四年までに、一億三〇〇〇万部が販売されています（朝日新聞デジタル版アーカイブ、https://archive.fo/4NxC1、二〇一九年五月一〇日閲覧）。

世界的な人気も高いようです。諸外国での単行本の販売部数は二〇一四年までに、アメリカで一二〇〇万部、フランスで一七〇〇万部、その他の地域で四一〇〇万部、合計七〇〇〇万部といわれています（朝日新聞デジタル版アーカイブ、https://archive.fo/RYSql、二〇一九年五月一〇日閲覧）。

本書では、単行本シリーズを使用します（岸本斉史『NARUTO・ナルト』巻ノ一～七二、ジャンプ・コミックス、集英社、二〇〇〇年～二〇一五年。以下、引用は全て同単行本シリーズですので、引用の際には巻数だけ、例えば「巻ノ三」などとします）。

『NARUTO・ナルト』は忍者の世界ですので、お話の重点の一つは、忍者としての忍術の多様性におかれています。想像もできないような忍術を開発し、それで相手とたたかうシーンが非常に面白いものになっており、この点が、この作品の貴重な独創性を示しています。

つぎつぎに新しい忍術が登場し、新しい格闘のありかたが紹介されます。これが読者を飽きさせない中心的な要素のひとつでしょう。忍術の革新が続くことによって、話が続いていきます。

本来なら、筆者は、『NARUTO・ナルト』のマンガとしての絵のすばらしさとか斬新さなどを評価するべきなのでしょうが、本書のテーマは、サルカニ合戦の継承の有無ですから、このマンガの中を流れる精神的な内容について述べます。

その忍術の、さまざまなたたかいの中で、精神的に問われることは一貫しており、ナルトをはじめとする主人公たちの生きる意味の探求です。とくに、自分は単に孤独なのか、それとも実は友だちとの関係の中にあるのか、このような、政治学の古代アリストテレス以来の論点が問われます。

ひとりぼっちであることを恨んで、自分を脱落させた社会に憎しみをもち社会に反抗するか、それとも、実は自分は友だちに認められ、友だちに支えられてきたことに気づき、その幸せに感謝して手をつなぐか、これが問題です。

結局、個人と社会の関係は何か、という哲学的・政治学的な問題が、くりかえし、呪文のように問われるマンガになっています。

筆者が論じようとしている本書のテーマは、このマンガと昔話との連続性をさぐることです。そこで、ナルトなどが、「弱肉強食」の人として生きていこうとするか、「正義のための協力」をする人になろうとするか、これらの点を明らかにすることが必要となります。その結果、『NARUTO・ナルト』がサルカニ合戦の現代版であることについて、述べてみたいと思います。

弱肉強食の利己主義者

『NARUTO・ナルト』は、本書で登場した2「弱肉強食」が基礎にあり、ナルトたちが、この超利己的個人主義の連中を打破できるかどうかが、テーマになります。

ナルトの世界には、「木ノ葉の国」、「霧の国」、「雲の国」、「砂の国」、「岩の国」などがありますが、各国同士は、対立をつづけ、戦争をくりかえしていました（「巻ノ二」、四一頁）。

各国には軍事部門があり、この部門が、隣接諸国との関係についても責任をもっていました。

当時の軍事部門を担ったのが忍者とされていますので、軍事部門は「忍びの里」と呼ばれました。各国の「忍びの里」の名前は、その国の名前に「隠れの里」を付加してつくられています。各国の「隠れの里」を、前の国の順序に述べますと「木ノ葉隠れの里」、「霧隠れの里」、「雲隠れの里」、「砂隠れの里」、「岩隠れの里」となります。

各国の「隠れの里」の長を、「影」と呼んでいます。この影の形容詞は、国の名前と同じではありませんが、ある程度の関係があるように設定されています。

例えば「木ノ葉隠れの里」の長は「火影《ほかげ》」です。「霧隠れの里」の長が「水影」、「雲隠れの里」の長が「雷影」、「砂隠れの里」の長が「風影」、「岩隠れの里」の長が「土影」となっています（「巻ノ二」、四一頁）。

少年ナルトは「木ノ葉隠れの里」に属しており火影になることを目標に生きています（「巻ノ一九」、一七八頁）。ナルトの友人であるガアラ（我愛羅）は「砂隠れの里」の忍者で、のちに風影になります（「巻ノ二八」、五六頁）。

岸本斉史『NARUTO・ナルト』では、ドラマの背景に、怪獣の存在があることが、話を面白くしています。怪獣は「尾獣」または「妖狐」とも呼ばれます。この「尾獣」は九匹いるとされています。

尾獣はそれぞれ尻尾の数が違います。一本のものから、二本のもの、三本のものというふうに変化し、最終的には九本の尻尾をもつ尾獣に至ります（「巻ノ七二」、八頁）。尾獣は、その尻尾の数におうじて、一尾の尾獣とか、九尾の尾獣などと呼ばれます。

この尾獣には大きな闘争力があって、各国が戦闘力を増強するために競って手に入れようとしました。その尾獣は、子どもに埋め込まれ、その子どもを、国の兵器そのもの、つまり道具として使いました（「巻ノ二九」、五八～六〇頁）。単なる武器とみられた子どもが「人柱力」と呼ばれます（「巻ノ二九」、一四九～一五一頁）。

ナルトには九尾の尾獣が埋め込まれています（「巻ノ一」、七四頁）。この埋め込みは封印と呼ばれ、ナルトの父母からの運命でした。父は四代目火影のミナトであり母はクシナでした。母は九尾の尾獣を封印された二代目の人柱力でした。

父母はナルトの誕生のとき、深い愛情とともに、家系の運命である、正義のために、九尾の尾獣を担う運命をナルトに託しますが、両親とも、たたかいの中で死亡します（「巻ノ五三」、五九～一八七頁）。

我愛羅《ガアラ》にも一尾の尾獣が埋め込まれていました。埋め込みの作業をしたのは、以前の「砂隠れの里」の指導者であるチヨバアでした（「巻ノ二九」、一八〇頁）。

ナルトやガアラは、体内に尾獣（妖狐）をもっていますので、危険人物とみられており、子どものころから、みんなに差別され嫌われました。

ナルトは人びとから「バケモノとして」見られ、存在価値を認められず「オレは何のために存在し、生きているのか」という実存的問題の解答が見つかりませんでした（「巻ノ二八」、一五四～一五五頁）。

ガアラも「砂隠れの里」の人びとから差別され、父親に殺されそうになります。ガアラは子どものころから、背中には砂の兵器のための巨大なヒョウタンを背負わされ、「何のために生きているのか、生きている間はその理由が必要なのだ、でなければ死んでいるのと同じだ」と苦しみます（「巻ノ二八」、一五六頁）。

ナルトやガアラは、このように社会から差別されて苦しむだけでなく、悪の集団から狙われます。悪役には、大蛇丸《オロチマル》などもいますが、もっとも重要な役割を果たすのが、「暁《アカツキ》」です。

アカツキは、ガアラやナルトなどの体内に埋め込まれた尾獣をとりだして、あらたな人柱力をつくり、その力で世の中を支配しようと計画しています（「巻ノ二九」、一四八頁）。アカツキはすでに七匹の尾獣を捕獲しており、残りはガアラの一尾の尾獣とナルトの九尾の尾獣だけでした（「巻ノ四四」、三九頁、「巻ノ二七」、六五頁）。

そこで、当時「砂隠れの里」の指導者（風影《カゼカゲ》）となっていたガアラを、アカツキがねらいます。

実際にはアカツキのデイダラが、ガアラ襲撃をおこないます。

ガアラは、背中のヒョウタンから砂を出しながら壮絶な防衛戦をします。自分を犠牲にしてでも「砂隠れの里」の住民を守るために命がけのたたかいをします（「巻ノ二八」、五八～一一六頁）。

しかし、ガアラの力よりもデイダラの力がまさっており、とうとうデイダラはガアラを捕獲して、アカツキの本部に連れ帰り、ガアラの中から「守鶴」を引き出します。その結果、ガアラは死亡します（「巻ノ二九」、二〇～三三、三六～三九、六一～六二、一六一～一六五頁、「巻ノ三〇」、二七～二九頁）。

アカツキの活動は話の後の方まで重要な意味をもちます。アカツキと行動を共にするようになるサスケは、「うちは一族」に属していました。

「うちは一族」は、むかし「千手一族」と「木の葉隠れの里」の主導権争いをして敗北しました。サスケは、その一族の恨みをはらそうと思っていました。

「うちは一族」による恨みの戦いは、サスケだけではなく「うちはイタチ」や「うちはマダラ」によっても行われます。これに対抗するために忍びの里の連合軍がつくられます（「巻ノ五二」、七九～八〇頁）。

サスケからすればナルトと友人になるつもりはありませんでしたが、ナルトはサスケを、子どものころから友人だと思っていますので、この二人の確執が、話の筋の一本になっています（「巻ノ二六」、九～一六一頁、「巻ノ五二」、三八～四一、五二～五九頁、「巻ノ七二」、三二～一八五頁）。

ナルトの独立心

物語『NARUTO・ナルト』の中の多くの忍者には「自分の存在理由を求めちゃいけない。ただその国の道具として存在することが大切だ。」という気持があり、これが英雄主義だと思われていました。

しかし、子どものナルトは「本物の忍者になるって、本当にそういうことなのかな、なんかさ、なんかさ、オレってば、それ、やだ！」と拒否します（「巻ノ四」、一一七頁）。この独立心は、みごとなものです。

ナルトの親友で女性忍者のサクラが話しています。「ナルト君は、わたしと違って、ずっと自分の価値を信じていた。本当にすごいなと思ったもの。それがどんなに大変なことか、私にはわかるから」（「巻ノ九」、七七頁）。

サクラは続けます。「しかし、昔はただの一人もそんなナルト君を見ようとしなかった。本当のナルト君を認めようとしなかった」そうです。それでもナルトは、いじけることなく、努力を重ねて、「このオレは、いずれ火影の名を受けついで」、「先代のどの火影をも超えてやるんだ！」という目標をもちます（「巻ノ一」、一七頁）。

後にナルトは、サスケが悪の道に入るのを止めるためのたたかいに敗北した絶望の中で、仲間のサクラに対して、サスケを連れ戻すことを約束します。

ナルトは「約束は絶対守る」と言い、「まっすぐ、自分の言葉は曲げねえ。それがオレの忍道だからよ」と宣言します。独立心のある、たくましい少年ナルトです（「巻ノ二七」、一七～二一頁、「巻ノ六八」、五八頁）。

ナルトの差別経験の克服

ナルトは他者に対する共感の能力をもっており、他者と立場を置換して感じることができました。その根底には、少年時代に強い差別を受けた経験を、自分なりに克服した自信があります。

例えばナルトが属していた忍者学校のミズキによれば、一二年前「バケ狐を封印した事件」があったが、それ以来「ナルトの正体がバケ狐だと口にしない掟」ができていると言います。そのバケ狐は「里を壊滅させた九尾の妖狐なんだ」とされます。

この「バケ狐」はナルトを指しています。ミズキはナルトに対して、おまえは「里のみんなにずっとだまされていた」と述べ、「お前なんか誰も認めやしない！」と放言します（「巻ノ一」、三五～三七頁）。

このような差別に対して三代目の火影は、やや批判的です。「ナルトは里のために九尾のバケ狐の入れ物になってくれたのに、里の大人たちはそういう目ではナルトを見ない」と嘆きます。

火影は、「人間が他人を嫌いその存在を認めないとき、その存在を嫌う人間の眼は、おそろしいほど冷たい目になる」と言い、ナルトの身の上に理解を示します（「巻ノ一」、七四頁）。子どものとき、ナルトは、このような差別に不満をもちイタズラばかりします。しかし、イルカ先生に認められてようやく心豊かな少年になります。

イルカ先生は、ナルトは「このオレが認めた優秀な生徒」なのだと、身をもってかばいました。「努力家で、一途」な少年だ。「あいつはもう、人の心の苦しみを知」る優しい性格をもっている。だから「バケ狐」なんかではないと断言します（「巻ノ一」、四九頁）。これがナルトに自信と誇りをもたせました。

ナルトの他者理解

ナルトは、他者の精神的な苦しみを、ヒリヒリと、自分の体内から感じる少年になります。他者が苦しんでいると「オレが……痛てーんだ」と言います（「巻ノ七二」、一五〇頁）。「痛」みとしてしか表現できないところが、非常に重要です。他者を理解することに理由づけを求めないこと、理由の必要がないことが、すなわちこの「痛」みの感覚が、根源であり、始まりであり、終わりであることを示します。他者理解についての、もっとも素晴らしい表現です。

話はそれますが、一言述べておきますと、ナルトの「痛」み論は、実は、ベンサムのヘドニズムに対する、最も優れた批判の一つになっています。バートランド・ラッセルによる批判よりも、サンデルによる批判よりも、論理的に透徹したものです。この点は別の本で書くことにして、ナルトにもどります。

ナルトは例えば、ガアラの立場になってガアラを理解できる人になります。ガアラは、一尾の妖狐である「守鶴」を埋めこまれています。誕生のとき母は死亡し、母を知らずに育ちます。父に対しては、父のせいで「砂の化身が、この身にとりついた」として父を恨みます。「オレは生まれながらのバケモノだ」と自虐的な自覚をもちます。

ガアラは里の兵器であるとともに、「恐ろしい危険物」でもあるとみなされ「実の父に幾度となく暗殺されかけ」ました。ですから家族についても非常に否定的で、「家族とは、憎しみと殺意でつながる、ただの肉塊だ」とまで言います（「巻ノ一二」、一三二〜一四〇頁）。

このような気持に追い打ちをかけるように、ガアラの叔母にあたる夜叉丸が、ガアラの母はガアラを生みたくなかったし、愛していなかったと言い放ちます。ガアラは「もう誰も信じないし、愛」せない。ただ自分だけを愛する戦闘者（我愛羅）になると決心します（「巻ノ一五」、七二〜九九頁）。

ガアラは、これほどの闇の中で生きています。ですから「オレは何のために存在し、生きているのか、そう考えたとき、答えを見つける」ことができませんでした。「だが、生きている間は、その理由が必要なのだ、でなければ死んでいるのと同じだ」と感じます。

その結果、ガアラは「オレはオレ以外の全ての人間を殺すために存在している。いつ暗殺されるかもわからぬ恐怖の中で、ようやくオレは安堵した。暗殺者を殺し続ける事で、オレは、生きている理由を認識できるようになったのだ」という恐ろしい結論を出します（「巻ノ一一」、一三一〜一四〇頁）。

このようなガアラに対してさえ、ナルトは「こいつはずっと一人ぼっちで、苦しみ続けて、ホッとすることもなくて、いまだに自分だけしか信じられなくて、地獄で今もたたかっている」と理解します（「巻ノ一五」、一一六〜一一八頁）。

「オレにはわかるってばよ……こいつも、オレと同じだ」（「巻ノ一一」、一四〇〜一四一頁）と感じます。「おれも一人ぼっちだった。生きている理由が分からなくて、苦しくて、けど、他人のイルカ先生がオレの存在を認めてくれたから、生きてることを初めて実感できたってばよ」と言います（「巻ノ一一」、一四二頁、「巻ノ一三」、七七頁、「巻ノ一五」、四九頁）。

「カカシ先生やサクラなどの仲間ができて、「もう一人じゃないって」思って、「こんなにうれしくて幸せだとは思ってもいなかった」のです（「巻ノ一五」、一一六頁）。

ナルトの友だち

ガアラが、ナルトの昔の友人のサスケを殺そうとしたときがありました。そのとき、女性忍者であるサクラが間にはいって、ガアラに捉えられます。サクラもナルトの親友であり、ナルトは激怒します。

しかしガアラにとって、なぜナルトが他人のサクラのために、たたかうのかわかりません。そこで「こいつらはオマエにとって何だ」と問います。ナルトは「仲間だ」と返答し、ガアラに挑戦します（「巻ノ一五」、九九～一〇一頁）。

たたかいは壮絶なものとなります。ナルトは「自分のためにだけたたかい続けてきた」ガアラに対して、「本当に強いって、そんなことじゃな」いと訴えます。

ナルトは「人は大切な何かを守りたいと思ったときに、本当につよくなれるもの」だと言って、サクラを守るために激しいたたかいをします。

ガアラもナルトも、最後は、倒れてしまいます。そのとき、再び、ガアラの実存的な問いかけが戻ってきます。「オレは何のために生きているのか。自分がこの世に必要とされない存在だということか。」

しかし、ナルトが言います。「オマエの気持は、なんでかなあ、……痛いほどわかるってばよ。」「でもオレにはもう大切な人たちができたんだ。オレの大切な人たちを傷つけさせねえ。」

これをきいてガアラは、「だからこいつは強いのか」と、ナルトの強さの原因を発見します。そして、いつか自分もナルトのようになりたいと、人生の目標を変えるのです（「巻ノ一五」、一三九～一

八三頁、「巻ノ一六」、七〜一二、三二〜三三、五七〜六九頁）。

国境をこえた友情

ガアラがアカツキに捕獲されたことを知ったナルトは、サクラやカカシ先生をはじめ仲間と救出に向かいます。その途中で、サクラは、ナルトがなぜガアラを助けようとするかをききます。ナルトは答えます。

「ガアラも俺もバケモノを体の中に飼っているからな、それが」アカツキの「目当てなんだ……おれたちをバケモノとしてしか見てねえ……あいつらの好き勝手な見方が気にくわねえ。」

ガアラ「はオレと全部一緒だった……あいつはオレよりも一人ぼっちでずっと戦ってきたんだ……おれと一緒だ……それなのに、いつもなんでアイツばかりが損な役回りになってしまう……今度こそ、さっさと助けてーんだ」（「巻ノ二八」、一五〇〜一五八頁）。

ガアラが風影をしていた砂隠れの里の幹部が、昔の幹部（チヨバア）を訪問して、ガアラ救出のための援助を懇願します（「巻ノ二八」、一五九〜一八九頁）。

そこで、「砂隠れの里」の長老であるチヨバアが途中で合流します。チヨバアは、昔、里同士が戦争していた時代の指導者でした。このチヨバアは、ナルトが、敵の里（国）の少年を救おうとするのが、どうしてもわかりません。

ここでカカシ先生がナルトの性格について説明します。ナルトは「誰とでも友だちになる能力をもっている」し、ナルトにとって、友だちは「どの里」の人であれ、同じ友だちです。

カカシ先生によれば「木の葉だとか、砂だとか、アイツにとっては、そんなことはどうでもいいことなんでしょう。……同じ痛みを知る仲間なんです。……ナルトには不思議な力があるんですよ。……誰とでもすぐに友だちになってしまう。」

チヨバアは、かつて里同士は同盟を信じることができずに、自分の里のことばかりを考えていたと言います。「砂隠れの里」のためにガアラに守鶴をとじこめたのもチヨバアだそうです。それは里の防衛のためでしたが、実は、それが里を苦しめることになったと反省します。

しかも、その「砂隠れの里」のガアラが、他の里のナルトたちによって、助けられようとしているのを知って「ワシのしてきたことは間違いばかりだった」と嘆きます。しかし「老いぼれたチヨバアにも、まだできることがある」と言って救出作戦で活躍します（「巻ノ二九」、一七六～一八二頁）。

正義のための協力

悪の集団であるアカツキに拉致されたガアラは、アカツキの本拠地である洞窟の中で、強烈な呪文によって、ガアラの体内の妖狐である守鶴を取り出されます。それと同時に、ガアラは死亡します。

　まだこれを知らないナルトは、アカツキの本拠地をようやく突きとめます。ナルトとカカシ先生およびサクラとチヨバアは、本拠地の洞窟に突入し、アカツキのサソリとデイダラと対峙し、その横にガアラの遺体を発見します（「巻ノ三〇」、七～三六頁）。

　アカツキの目的は、妖狐を集めることですから、ナルトの体内の妖狐も奪おうとして、デイダラは、自分の妖術で作った鳥の尻尾にガアラの遺体をまきこみ、この鳥に乗って洞窟の外に飛び出し、ナルトを誘い出します。ナルトとカカシ先生は、デイダラを追います。

　一方で、洞窟にのこったチヨバアとサクラは、サソリと対決します。実は、サソリはチヨバアの孫でした。チヨバアは若い頃には「砂隠れの里」の忍術の指導者をしており、人形を使った忍術の開発をしていました。

　チヨバアの子ども夫婦はいくさで死亡し、その子どものサソリ（チヨバアの孫）が残ります。チヨバアは、この孫を育てる中で、人形を使う忍術を教えます。父母を失った子どもの悲しみは大きく、結局、人形で父母を作りながら忍術をさらに開発して悪の道に入ります。

　チヨバアは、人生の最期に、孫と対決することになります。チヨバアといっしょにたたかうのが、女性忍者のサクラです。この洞窟でのたたかいは、実にさまざまな、恐ろしい人形を、お互いに繰り出しておこなわれます。

サクラとチヨバアは、何度か死にそうになります。しかし、サクラが開発して持ってきていた薬でかろうじてたすかり、結果的に、サソリを倒すことに成功します。話はそれますが、チヨバアもサクラも女性であり、女性が男性とおなじように活躍するのも、この『NARUTO・ナルト』の良いところでしょう（「巻ノ三〇」、三七〜一八七頁、「巻ノ三一」、七〜八四頁）。

洞窟の外でのナルトたちとデイダラのたたかいも、壮絶な危機を経験しながらつづきますが、最終的にはカカシ先生が、自分の眼球の力（写輪眼）をつかって、デイダラのいる空間をゆがめることで、デイダラを墜落させます。そこをナルトが急襲して、ガアラの遺体がはいっている鳥をつかまえます。

デイダラは逃しますが、ガアラの遺体は手に入れます。ナルトは怒り、号泣しますが、そこにサクラとチヨバアが到着します。チヨバアは、若いころからひそかに開発した、命を入れ替える術を使います。この術で、チヨバアの命をガアラに吹き込み、チヨバアは死亡します。

チヨバアは、死ぬまぎわに次のような趣旨のことを言います。里（国）どうしが憎みあい、戦争をし、その武器として妖狐を人間のなかに入れ込んだ。ガアラに妖狐を入れたのは自分自身だ。しかし、今わかったことだが、里どうしが、仲よくすれば、このようなことをすることもなかった。自分たちは、間違っていた。これからは、ナルトやガアラの時代だ。仲よく新しい時代をつくってほしい（「巻ノ三二」、八五〜一八一頁）。

独裁ではなく協力

ナルトは、サクラやカカシ先生をはじめ多くの仲間と協力してガアラ救出という正義の実行に成功します。ここで、ナルトのマンガの全体を貫く、ナルトとサスケの関係に戻ります。

ナルトは、サスケがたとえ悪の道にはいっても、サスケを信じ続けます。サスケと共に平和な社会をつくると、かたく決心していました。しかしサスケはその理由を最後まで理解しようとしません。

世の中の統治の仕方でも意見が分かれます。サスケは、自分ひとりで統治するしかないという信念をもっており、そのためには、自分がどれほど他のひとに憎まれてもよいと言います。

しかしナルトは、全てを一人で背負おうとすると必ず失敗すると主張します。サスケは過去も切り捨て、現在の誰からも離れて生きようとします。しかしナルトは、全部過去の人から学んできたと言い、現在の人たちとも仲よくしようとします（「巻ノ七二」、六四〜七二頁）。

二人は、何度も、なぐりあったり、忍術をかけあったりして、たたかいますが、勝負がつきません。二人とも腕を失う重傷をおってたおれます。最後のたたかいで、二人とも倒れてしまった後で、次の会話があります。

サスケ「お前はオレを決して切ろうとしなかった。……なぜそこまでしてオレに関わろうとする？」
ナルト「友だちだからだ。」
サスケ「お前にとってのそれは一体何なんだ。」
ナルト「よく分かんねーよ、そんなこと。……ただお前のそーゆー、背負ってゴチャゴチャしてるとこ見てっと、なんでか、オレが痛てーんだ。」
サスケ「なあナルト、オレはお前を認めちまった。……オレはオレ自身で己に決着をつける。」
ナルト「死ぬくらいなら、生きてオレに協力しろ……オレのやりたいことは全忍の協力だ」（「巻ノ七二、一四八～一六一頁）。

マンガ「ナルト」の大きなテーマは、憎しみあい争いあう者たち同士が、お互いに理解しあい協力して、平和な社会をつくっていく夢を実現していくことにあるのでしょう。

あとがき

読者のみなさんは、これが政治学の学問の本なのかと思われるかもしれません。政治学の本の多くは、西欧の理論についてのものだったり、西欧の理論をつかった日本の政治や行政の説明であったりします。

たしかに日本の政治の実態や歴史についての政治学もあります。しかし多くは指導者や制度についての研究です。しかし筆者は、名もなく慎ましく暮らしているわたしたちについて、研究したいと、若い頃から願ってきました。しかしイギリスの学界と違って、日本では、この方面の蓄積が、なかなかできません。

とりわけ世の中に発言もせず普通に暮らしているわたしたちは、本当は何を考えているのだろう。これがわからないという大きな壁に、筆者は、長い間、直面してきました。自分自身を見直しながら、若い人たちと、これはどう考えるのか、あれはどう思うのかと、くりかえし話しました。

さらに、若い人たちと、アニメや映画を、何年も見続けて、それぞれのアニメなどの意味について議論しました。多くのＤＶＤを集め、段ボール何箱ものマンガを読みました。

そうするうちに、多くのアニメやマンガは、ある程度、同じような内容をもっているように思えてきました。それは個人主義であり、勇気であり、友情でした。これは、日本の研究者たちが述べてきた内容、すなわち権威主義や集団主義などとは、まったく逆の内容です。この内容は、非常なおどろきでした。

ならば、アニメなどの個人主義や勇気は、どこからきたのだろうか、と思って探しているうちに、昔話に行きつきました。

木下順二は、昔話の時代は終わったと講演したことがあります。たしかに、昔話そのものは消えつつあるのかもしれません。しかし、昔話の精神は、マンガやアニメなどの、新しい身体の中にはいって、今も元気に生きていることがわかりました。

[1]でも述べましたが、筆者は、本書を創る作業の中で、わたしたちが、独立心をもち、正義のために、お互いに協力してたたかうという、誇るべき伝統をもっていることを知りました。これは、筆者にとって大きな学びになりました。

なお、本書の出版をお引き受けいただいた成文堂さんには感謝しています。特に、編集部の篠崎雄彦さんにはお礼申し上げます。

二〇一九年六月

梅川正美

著者紹介

梅川正美（うめかわ まさみ）
愛知学院大学法学部教授

主要著書

『サッチャーと英国政治1』（成文堂、1997年）
『イギリス政治の構造』（成文堂、1998年）
『サッチャーと英国政治2』（成文堂、2001年）
『ブレアのイラク戦争』［共編著］（朝日新聞社、2004年）
『現代イギリス政治』［共編著］（成文堂、初版・2006年、第2版・2014年）
『サッチャーと英国政治3』（成文堂、2008年）
『イギリス現代政治史』［共編著］（ミネルヴァ書房、初版・2010年、第2版・2016年）
『比較安全保障』［編著］（成文堂、2013年）

昔話とアニメの中の政治学

2019年9月1日　初版第1刷発行

著　者　梅　川　正　美
発行者　阿　部　成　一

〒162-0041　東京都新宿区早稲田鶴巻町514番地
発行所　株式会社　成　文　堂
電話 03(3203)9201(代)　Fax 03(3203)9206
http://www.seibundoh.co.jp

製版・印刷　三報社印刷　製本　弘伸製本　検印省略
☆乱丁・落丁本はおとりかえいたします☆

ISBN978-4-7923-3390-4　C3031

定価（本体2400円＋税）